体育科授業サポートBOOKS

JN219444

主体的・対話的で深い学びをつくる!

体育授業「導入10分」の活動アイデア

鈴木直樹・中村なおみ・大熊誠二 編著

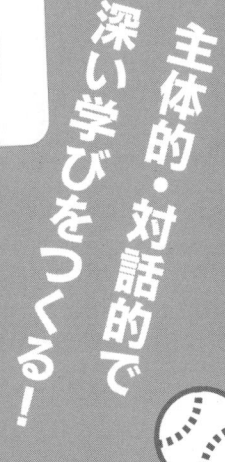

たかが10分でも小中9年間で140時間!

儀式的な準備体操から効果的な導入に転換して

小・中学校の体育授業が激変!

明治図書

はじめに

「1・2・3・4……」と大きな声を出しながら，準備体操をする光景は，今も昔も典型的な体育授業の風景といえるのではないでしょうか？

私が25年前に小学校の教師として勤務をスタートしたばかりの頃，体育の授業では，「整列・挨拶・準備体操」は大前提として実施し，その後から実際の単元の学習として教材研究を工夫していたように思います。すなわち，「準備体操」は疑いもせずにやることと考えていたのが現状だったと思います。

私が特別というわけではなく，伝統的に「安全な運動実施」「運動パフォーマンスの向上」を名目として体育の授業の導入部で体操が実施されてきたのではないでしょうか？　近年では，スポーツ科学研究の進展によって，その実施への疑いが強調され，新しい取り組みもなされてきています。しかし，今なお，やらなければいけない強迫観念にかられている教師は少なくないと思います。

導入部の準備体操・準備運動にかける時間は，45分あるいは50分の授業の中では，たった5分—10分程度の取り組みかもしれませんが，仮に10分間の活動として105回の授業でカウントすれば，1,050分もの時間となります。実に1年間の体育の授業の中で，17時間30分もの時間を導入に費やしていることになります。そして，小中学校をトータルすると下記の表のようになります。なんと総時間で，8,400分もの時間を準備体操・準備運動として経験していることになります。

表1　義務教育で経験する準備体操の総時間

	小1	小2	小3	小4	小5	小6	中1	中2	中3	計
体育の授業標準時数	102	105	105	105	90	90	105	105	105	912
保健の標準授業時数	0	0	4	4	8	8	16	16	16	72
実技の標準授業数	102	105	101	101	82	82	89	89	89	840
準備運動の総活動時間(分)	1,020	1,050	1,010	1,010	820	820	890	890	890	8,400

8,400分とは，140時間であり，6日間弱の時間を準備体操・準備運動の時間にあてているわけです。高校も体育は必修ですから，この時間よりもさらに多くの時間を準備体操・準備運動するという時間にあててきたといってもよいと思います。私たちは，これほどの時間を本当に有効に使えているでしょうか？　こんなにも多くの時間を費やしておきながら，それが学びに生きていないのだとしたら，これは大きな問題ではないでしょうか？　私は，自分で授業実践をしながら，疑いの気持ちをもちながらも，半ば義務的に決まりきった準備体操・準備運動を実施してきました。大学に異動してからも，授業を参観する度に，不必要感を感じながらも，触れてはいけない視点のように感じ，思いを語らずにきたのも事実だと思います。

　時代の変化の中で，体育の学びも変化してきているように思います。しかし，体育には他教科と異なり，授業の進め方の手がかりとなり，教材となる教科書が存在しません。したがって，それだけ創造性が求められる教科です。そうなると，自分の考えに自信がなければ，「今までどおり」やっていくことが，最も問題のない選択肢にもなっていきがちです。そして，「変わらない」ことを選択してきたのだと思います。これは，「フツー」であることに居心地のよさを感じる日本人の特徴かもしれません。しかし，子どもにとって重要な一時間一時間をよりよいものにしていくには，時代に対応した変化なしには成功はありえません。よりよく変化したものにのみ，この機会は訪れるのです。そこで，本書は，「当たり前」という価値観の中で，教師が十分に検討をすることなく，なんとなく行ってきた導入部の5―10分程度に位置づく，「準備体操・準備運動」をよりよく変化させる為の手がかりを提示するものです。

　2017年には，予測が難しいといわれる未来を生きる子ども達にとっての学びという視点から学習指導要領が改訂されました。そこでは，「主体的・対話的で深い学び」が強調されるようになり，「何を学ぶか」だけでなく，「どのように学ぶか」を問題にするようになりました。編著者達は，このような問題の解消を，長い期間景色が移り変わることのなかった導入に注目し，この場面を再検討していく中で，未来の体育を考えていくきっかけを創り出そうと考えました。そこで，授業の導入で実施されることが多かった準備体操や準備運動について確かな根拠に基づきながら，考え直し始めました。編著者である鈴木・大熊は，「ウォームアップ・ゲーム」と称して，ボールゲームを中心に実践的研究を深め，中村は「スリーアップ」と称し，運動領域毎に実践を積み重ねてきました。これらの研究をベースにしながら，実践者と協働し，創り上げたのが本書です。

　儀式的な準備体操・準備運動を乗り越え，主運動と密接に関連した効果的な導入を実現するということが私たちの強い思いでした。そして，そのことが結果的に主運動の内容も充実したものにしていくと信じて実践研究を進めて参りました。すなわち，準備体操・準備運動の時間を有効なものにできるのだとすれば，およそ6日間分の，価値ある学びを子ども達に提供できるようになります。たかが10分ではなく，この重要な10分に注目し，授業改善を行っていくことが，体育授業全体のメッセージを書き換えることにつながると考えるのです。

　すなわち，未来の体育を支えるキーポイントは，授業の導入部の内容であると考え，そのアイデアを共有することで，体育・保健体育の大改革を目指そうとするのが，本書のねらいです。導入が変わる，それを取り入れることで，授業自体が変わる……そんな未来志向の書が本書です。

2019年3月

編著者代表　鈴木　直樹

目 次

1 準備体操・準備運動が効果的に変わる！

1 具体場面で即診断！＜よくある導入―問題と原因をチェック＞

1）はじめに

　汗びっしょりになって，運動して遊んでいる休み時間の子ども達の姿を思い出して下さい。子ども達は，どうやって遊びをスタートしているでしょうか？　また，夏休みの市民プールの光景を思い浮かべて下さい。小中学生たちがたくさん足を運んでいると思います。彼らは，更衣室を出た後，プールに入るまでに，どのように振舞っているのでしょうか？

　授業が終わって，校庭に駆け出していく子ども達は，遊ぶことに動機づけられており，すぐに遊びをスタートさせている子ばかりです。また，市民プールでもシャワーを浴びて，すぐにプールの中にドボーンという子ばかりです。休み時間や市民プールで，運動する前にじっくりと準備体操をして活動をはじめるという子どもは少数派といえるでしょう。

　かつて私は，娘が小学校の低学年の時に，一緒にプールに行きました。私が，準備運動もせずにとりあえず，プールに入ろうとする姿をみて，娘は，「ダメダメ，準備体操してから入らなくては！」と声をかけてきました。私は，娘に「何で？」と問うと，娘は，「学校でそのように教わったから」と回答しました。これは，「ドキッ」とさせられる一言でした。なぜなら，学校で水泳の前には準備体操が大切と教えてきた私自身が，学校外のプールで，準備体操をせずに，入水しようとしていたからでした。自分自身でも，準備体操を軽視しているのに，準備体操は大切であると教えているパラドックスがあることに気づかされました。そして，最近，大学生になった娘と海に行く機会がありましたが，娘は，水着に着替えると，勢いよく海へと入っていきました。学校と学校外の学びにつながりがないことに改めて気づかされた瞬間でした。小学校低学年の時は，「やらなければいけないもの」として準備体操を位置づけていた娘が，それから高校生まで体育を経験する中で，「やらなくてもよいもの」として準備体操を位置づけているのだと感じました。だとすると，現在行われている準備体操の多くには問題があるのではないかと思うのです。つまり，それは単なる儀式的な活動になっていたり，準備体操をしたという教師にとって何かあった時の保険になっていたりするような気がしてなりません。

2） 体育授業の中のよくある場面…皆さんは，どのように考えますか？

その1：静的なストレッチングはパフォーマンスを向上する？

「単元は走高跳です。はさみ跳びで跳びたいと思います。足をできるだけ高く上げるために
も柔軟性が大切です。しっかり，ストレッチングしてから練習をスタートさせましょう！」

走高跳にかかわらず，器械運動でも，ボール運動・球技でさえも，使う筋肉を伸ばして，
実際の活動の為に準備をすることは多くあるのではないでしょうか？　では，このような
静的なストレッチングで，上記の走高跳の記録は向上するといえるでしょうか？

①向上する　　②向上しない　　③低下する

山口・石井（2010）は，筋機能及び瞬発的パフォーマンスに関して静的ストレッチングが及
ぼす影響について 2007 年から 2010 年にかけて発表された 38 本の研究論文を検討した結果，
静的なストレッチングがパフォーマンスに正負の影響を及ぼす，あるいは，パフォーマンスを
低下させるという結果が示されているものの，静的なストレッチングがパフォーマンスを向上
させるという研究結果はなかったことを報告しています。また，山口・石井（2007）は，柔軟
性が高いものほど一定ペースのランニング動作のエネルギー消費量が多いことから，柔軟性を
高める静的なストレッチングを運動前に行うことを疑問視しています。Wilson ら（2010）も
運動前の静的なストレッチングが持久的なパフォーマンスを低下させたことを報告していま
す。さらに，Allison ら（2008）や Hayes&Walker ら（2007）は，静的なストレッチングが一
定のペースのランニングのエネルギー消費量を変化させなかったことを報告しています。いず
れにしても，持久的パフォーマンスの発揮に対しても，静的なストレッチングは，効果がある
とはいえないようです。

具体的には，例えば，静的ストレッチを実施した後に，台の上
から飛び降りてジャンプする下肢筋パワーの指標とされるデプ
スジャンプを行うと，そのジャンプ高は有意に低下することが
報告されています（Cornwell et al., 2001; Young et al., 2003）。ま
た，静的ストレッチを実施後の筋力や筋パワーの低下があったこ
とが報告されています（Avela et al., 1999; Fletcher et al., 2004;
Fowles et al., 2000; Kokkonen et al., 1998; Nelson et al., 2001a）。

その低下は，30%にもなるともいわれ，本来もっている力の 7 割程度しか出せない身体を準備
させてしまっているということもあるということです。

7 割位の力で走ってといわれたら，皆さんは，どんな走りをしますか？　全力走と比べて，

かなりゆったりとした走りになるのではないですか？　それが，全力を出しても，それくらいの力しかでないように，身体を準備してしまっていると考えたらいかがでしょうか？　ちょっと想像しがたい状況ではないでしょうか？　しかし，それが現実です。私たちは，時に子ども達の力を十分に発揮させなくしてしまっているのです。

　確かに，この結果はよくよく考えてみれば当たり前のように思います。皆さん，「手に力を思いっきり入れて下さい」と言われたらどうしますか？　手を拳にして思いっきり握ったり，肘を曲げたりして力を入れるのではないでしょうか？　この時に共通しているのは，筋肉の収縮です。すなわち，私たちは，筋肉を収縮して力を生み出し，身体を動かしているわけです。静的なストレッチングは，その筋肉を緩めてしまうわけですから，力が入りにくくなるのは，至極当然のことであるといえます。

　Fowles ら（2000）によれば，静的ストレッチをした後のパフォーマンスの低下は，ストレッチをした後60分間持続するそうです。一般的に，小学校では45分，中学校では50分で体育・保健体育の授業は実施されますので，残念ながら，授業終了後に，パフォーマンスの回復がみられることになります。

　よかれとして子ども達にやらせている静的なストレッチングが，逆効果になっているのだとしたら，今後，やり方を考えていかなければなりませんね。

その２：静的なストレッチングは怪我を予防する？

「今日は，いっぱい走りますからね！　怪我をしないように，ストレッチングをして足の筋肉をしっかり伸ばしましょう。では，身体を安定させて片足で立ち，足をついていない側の足の甲を同じ側の手でもち，ゆっくりと膝を曲げましょう。太もも全部が伸びているのを感じながら呼吸を止めずにしばらくそのまま伸ばします」

　このように，怪我を防止する為の静的なストレッチングを積極的に運動前にやっている先生も少なくないと思います。さて，このような運動は効果があると思いますか？

①効果がある　　②どちらともいえない　　③効果がない

　1975年に Anderson（1975）が，『Stretching（ストレッチング）』という書籍を出版したことをきっかけにして，静的ストレッチングが普及し，広まっていったといわれています。その後，柔軟性を高めることは，傷害の数を減少させるという報告（Bixler&Jones,　1992; Ekstrand, et al., 1983; Witvrouw, et al., 2001）が支持され，準備運動や整理運動に静的なスト

レッチングを含めて実施されてきたといってもよいと思います。しかし，最近のスポーツ科学研究では，この結果に異を唱えるものが少なくありません。

例えば，Pope ら（2000）は，1538人の男性軍人を対象として，運動前に20秒間の静的ストレッチングを実施するグループとそうでないグループで傷害の発生に違いがあるかを調査した結果，静的ストレッチングが傷害を減少させることにはつながっていないことを明らかにしました。また，Herbert & Gabriel（2002）も，実験の結果，運動前の静的ストレッチングは，怪我や筋肉痛のリスクを軽減しないと結論づけています。

Witvrouw ら（2001）は，このように静的ストレッチングの効果に関して混乱している状況に対して，先行研究を整理し，活動の種類による違いであると結論づけています。そして，サッカーやアメフトのような筋肉の爆発力を発揮するような運動に対しては，ストレッチングが怪我の減少につながるとする一方で，サイクリングやジョギング，水泳のような運動では，ストレッチングの効果がないと整理しています。

しかし，その後も Thacker ら（2004）など，ストレッチの予防効果を否定する論文が出され，最近のスポーツ科学では，静的なストレッチ法は，してもしなくても，怪我をする時にはすると考えられるようになり，運動前に行うことは，一般的ではなくなってきています。

2015年2月18日に放送された NHK の「ためしてガッテン」や2017年8月23日に放送されたフジテレビ系の「ホンマでっか!?TV」でも，伝統的に行われてきた静的なストレッチングでは，「その1」で述べたように，筋力低下を引き起こすことから，怪我の予防にはつながらないことが紹介され，新しいストレッチングとして，動的なストレッチングが紹介されています。

ビクトリア州政府（Victorian State Government）（2015）の Better Health Channel でも，運動中の傷害防止に役立つと考えられてきたストレッチング，ウォームアップ，クールダウンが傷害リスクの軽減に効果的であるという証拠はあまりないと述べられ，運動前にストレッチングを行うことに対して否定的な見解を示しています。

それどころか，Kerner & D'Amico（1983），Howell（1984），Jacobs & Berson（1986）は，ストレッチングの実施が傷害リスクを高めるということを報告しています。

以上のように考えると，これまで子ども達に怪我の予防の為にと，筋肉をゆっくり伸ばすような静的なストレッチングの指導は体育の中では，未だに一般的であったともいえますが，休み時間の子どもの様子も考えると，体育の授業における運動では大きな効果はないと考え，他の準備運動に変えていくべきであると考えられます。

その3：ラジオ体操は万能な準備体操・準備運動？

「体育係が前に出て，ラジオ体操をしているように。その間に，先生は，授業の準備をしますね。それでは，お願いします」

体育は，教室以外の校庭や体育館で行われることが多く，授業準備も多く必要な教科ともいえます。そして，身体活動を中心とした授業になることもあり，運動着への着替えも必要になったりします。したがって，授業と授業の間に十分な時間がとれないこともあります。そんな時に有効に使えるのが，準備体操・準備運動なのかもしれません。その10分間が，教師にとっての授業準備時間になっているともいえるのかもしれません。子どもにとっても教師にとっても準備の時間にできるのが，導入の10分なのかもしれません。そこで，導入の10分にラジオ体操をやるのは，適切であるといえるでしょうか？

①適切である　　②どちらともいえない　　③適切ではない

　ラジオ体操とは，日本人であれば，知らない人はいない程，とてもよく知られた国民の体力向上と健康の保持増進を目的とした体操です。1928年に制定された後，修正されながら，90年にも渡って長く実践されてきた体操です。

　なぜ，こんなにも長く親しまれてきたのかといえば，健康効果が高いといわれているからではないでしょうか？　一般社団法人簡易保険加入者協会が実施した調査（2014）によれば，ラジオ体操を長期に継続していた高齢者に対して身体的にも精神的にも効果があったことが明らかにされています。他にも下記のような効果が一般的に主張されています。

- ・ラジオ体操は，筋肉や関節，腱などにかかる負担が小さく，子どもでも高齢者でも効果的に骨や筋肉を鍛えられる。
- ・ラジオ体操を行うことで全身の筋肉を使い，頭から足先まで全身の血流がよくなる。
- ・ラジオ体操には全身の引き締め効果も期待できる。

　一方で，2017年6月24日に発売された『週刊現代』では，「医師が警告！ラジオ体操は『膝』と『腰』を痛めます」といった記事が紹介されています。ただ，これは高齢者にとってラジオ体操は激しい運動になりすぎてしまっていることが理由になっています。

　かつて私の大学時代の体育の指導法を学ぶ授業では，「ラジオ体操」を学んだ記憶があります。そこでは，「ラジオ体操はきちんとやれば，激しい運動である」と教えられました。小学校時代に冬の寒い中でラジオ体操をやった時にも，汗をかくくらいしっかりとやるように指導を受けました。確かに，現在放送されているNHKのラジオ体操では，「ラジオ体操の前に筋肉をほぐすウォーミングアップ体操を行いましょう」と推奨しています。つまり，激しい運動ではないと上述しましたが，準備体操を要求するほどハードなものと考えると，首をかしげてしまうところがあります。

運動強度を示す単位としてメッツがよく用いられます。これは、安静時に比べて、活動・運動を行った時に、何倍のカロリー消費をしているかを表したものです。ちなみに、ラジオ体操第一は4メッツなので、安静時の4倍のカロリー消費量になっているといえます。他の運動と比較してみると下記の表のようになります。

表1　身体活動と運動強度

メッツ	3	3.5	4	4	4.5	5	5.5	8.3
運動	バレーボール	ゴルフ	ラジオ体操第1	卓球	ラジオ体操第2	野球	バドミントン	水泳

つまり、ラジオ体操第一は、バレーボールやゴルフよりも運動強度が高い運動であるといえます。ゴルフやバレーボールをする前の準備運動としてラジオ体操をやったとするならば、主運動よりも運動負荷の高い運動を準備運動として実施していることになるわけです。

確かに、ラジオ体操は、ダイナミック・ストレッチングになっており、身体的にも精神的にも一定の効果があるといえそうです。しかし、だからといって、ただラジオ体操をすればよいというのは、教科内容を無視しているといわざるをえません。

その4：周回走は有効か？

「まず校庭を軽く一周走って、それから準備体操をしよう！」

校庭に出ると、子ども達を待ち構えていたかのように、先生が活動を促すような場面にであったことはないでしょうか？　授業前のよくある光景の一場面です。さて、このような周回走は適切であるといえるでしょうか？

①適切である　　②どちらともいえない　　③適切ではない

私たちは、大人と子どものスポーツを同じように考えていないでしょうか？　私たち大人は、運動に向けて身体を温めて準備をすることを理解し、運動前にジョギングをしたりします。しかし、多くの子ども達は、「先生に言われたから走る」ということが多いのではないでしょうか？

皆さんが、「走らされる」ということからイメージするのはどのようなことでしょうか？私は、罰をイメージしてしまいます。小学校や中学校では野球をしていましたが、エラーをした時に罰としてグラウンドを走らされることもありました。授業中に、眠っていた子が、「走って目を覚ましてこい」と教師に言われて、グラウンドを走らされていたことも覚えています。走るという運動がなぜ、罰になるのかといえば、それが苦行を強制されると考えるからではないでしょうか？　ただ、校庭を走るということはこのような否定的なメタファーももっているのではないかと思います。自分から走るという思いが伴って、走るという行為に意味がでてく

るのではないでしょうか？

　米国のサッカーコーチングの理論の中に，No 3L というものがあります。これは，No Lines, No Laps, No Lectures を指します。すなわち，「並んでばかりで活動のないような指導はしない」「ただ周回走をさせるような指導はしない」「話ばかりするような指導はしない」というものです。ここでは，周回走に注目しているので，そこに焦点化してこの考えをみてみると大変興味深いものがあります。

　この理論では，ウォーミングアップとして行う活動からボールを使って指導するということが主張されています。その主な理由は，楽しく活動することの重要性と，ゲームと関連した内容で行うことの重要性が示されています。Brett（2016）は，自分自身が経験したウォーミングアップの実験を紹介しています。研修を受けているグループを2つにわけ，一つのグループはウォーミングアップとして周回走を導入し，もう一つのグループは，ただ走るのではなく，前後左右に向きを変えて走ったり，障害を飛び越しながら走ったりしたそうです。その結果，体温を上昇するという目的は両方とも達成できましたが，いろいろな動きをして走ったグループの方が，活動を楽しみ，ゲームの中で俊敏にさまざまな動きを発揮することができたと報告をしています。

　このような例から考えても，必要感もなく，ただ「走らせる」ような周回走は，適切な導入とはいえないように思います。周回走ではなくとも，子どもの体温を上昇させることのできる活動はあるといえます。ただ，「校庭（体育館）に来たら，走れ！」というのは教師の怠慢のように思えます。

　オリンピックのハンマー投げで金メダルを獲った室伏選手が，ただスクワットをするのではなく，シャフトの端に紐でおもりをぶら下げ，意図的に重さのバランスを崩すような工夫をしているのをみたことがあります。常に変化している状況の中でトレーニングをする為です。これを，室伏選手は，できるだけ反復練習をしないようにすると言います。子ども達の準備体操も同じことではないでしょうか？　同じことを反復して繰り返すようなことは子どもにとっては退屈ですし，身体的な快感覚も得られにくいのではないかと思います。そういった意味でも，ただ走らせるような周回走は，小中学生の準備運動としては相応しくないのではないかと思います。

3）まとめ

　導入の活動とその後の主活動を分離して考えてしまうことも少なくないのではないでしょうか？　しかし，それでは，限りある体育の授業成果を高めることは不可能だと思います。体育の授業は，教師が子どもをトレーニングさせる時間ではありません。子どもが運動特有の楽しさやよろこびに触れながら，学びを深めていかなければなりません。そういった点から考えると，これまで深く考えるようなこともしてこなかった導入10分に行われてきた準備体操・準備

運動は，意味のない活動になっていたり，主活動と分離した活動になっていたり，考えることをせずに，ただ動くだけというような活動になっていたのが現状なのかもしれません。

「訓練はスキルを破壊する」という言葉もあります。これまでの伝統的な常識を一旦保留し，子どもにとってエキサイティングで学びのある導入をつくることが，体育を大改革する第一歩ではないかと思います。

【参考文献】

Andersen, J. C. 2005. Stretching before and after exercise: Effect on muscle soreness and injury risk. Journal of Athletic Training, 40(3): 218-220.

Avela, J., Kyröläinen, H., & Komi, P. V. 1999. Cornwell, A., Nelson, A. G., Heise, G. D., & Sidaway, B. 2001. The acute effects of passive muscle stretching on vertical jump performance. Anderson (1975) Stretching. Anderson.

Bixler B, Jones RL.(1992) High-school football injuries: effects of a post-halftime warm-up and stretching routine. Fam Pract Res J 12(2):131-139

Cornwell, A., Nelson, A. G., & Sidaway, B. 2002. Acute effects of stretching on the neuromechanical properties of the triceps surae muscle complex. Eur J ApplPhysiol, 86: 428-434.

Ekstrand J, Giilllquist J, Liljedahl SO.(1983). Prevention of soccer injuries. Supervision by doctor and physiotherapist. Am J Sports Med 1983 11(3):116-120

Fletcher, I. M. & Jones, B. 2004. The effect of different warm-up stretch protocols on 20-m sprint performance in trained rugby union players. Journal ofStrength and Conditioning Research, 18(4): 885-888.

Fowles, J. R., Sale, D. G., & MacDougall, J. D. 2000. Reduced strength after passive stretch of the human plantar flexors. J. Appl. Physiol., 89(3): 1179-1188.

Herbert RD, Gabriel M: Effects of stretching before and after exercising on muscle soreness and risk of injury: systematic review. Bmj. 2002; 325(7362): 468. (*BMJ* 2002; 325 doi: https://doi.org/10.1136/bmj.325.7362.451 (Published 31 August 2002) Cite this as: *BMJ* 2002;325:451)

Howell DW 1984 Musculoskeletal profile and incidence of musculoskeletal injuries in lightweight women rowers. American Journal of Sports Medicine 12: 278-282

一般社団法人簡易保険加入者協会（2014）「ラジオ体操の実施効果に関する調査研究」平成25年度ラジオ体操事業調査研究.

Kerner JA, D'Amico JC 1983 A statistical analysis of a group of runners. Journal of the American Podiatry Association 73: 160-164

Kokkonen, J., Nelson, A. G., & Cornwell, A. 1998. Acute muscle stretching inhibits maximal strength performance. Research Quarterly for Exercise and Sport, 69: 411-415.

Nelson, A. G., Guillory, I. K., Cornwell, A., & Kokkonen, J. 2001a. Inhibition of maximal voluntary isokinetic torque production following stretching is velocity specific. Journal of Strength and Conditioning Research, 15(2): 241-246.

Pope RP, Herbert RD, Kirwan JD, Graham BJ.(2000) A randomized trial of preexercise stretching for prevention of lower-limb injury. Med Sci Sports Exerc. 32(2):271-277.

Thacker SB, Gilchrist J, et al.: The Impact of Stretching on Sports Injury Risk: A Systematic Review of the Literature. Medicine & Science in Sports & Exercise. 2004; 36(3): 371-378.

Victorian State Government (2015) Better Health Channel: Exercise Safety. https://www.betterhealth.vic.gov.au/health/healthyliving/exercise-safety（2018年9月7日閲覧）

Witvrouw E, bellemans J, Lysens R, et al.(2001) Intrinsic risk factors for the development of patellar tendinitis in an athletic population: a two years prospective study. Am J Sports Med 29(2) :190-195

山口太一・石井好二郎（2007）「運動前のストレッチングがパフォーマンスに及ぼす影響について - 近年のストレッチング研究の結果をもとに」日本ストレッチング協会.

山口太一・石井好二郎（2010）「続報　運動前のストレッチングがパフォーマンスに及ぼす影響について」日本ストレッチング協会.

Young, W. & Elliott, S. 2001. Acute effects of static stretching, proprioceptive neuromuscular facilitation stretching, and maximum voluntary contractions on explosive force production and jumping performance. Research Quarterly for Exercise and Sport, 72(3): 273-279.

Young, W. B. & Behm, D. G. 2003. Effects of running, static stretching and practice jumps on explosive force production and jumping performance. Journal of Sports Medicine and Physical Fitness, 43: 21-27.

（鈴木　直樹）

2 「主体的・対話的で深い学び」における授業の導入

1）「自分との対話」「他者との対話」「内容との対話」のはじまり

大学生に「体育の授業での準備運動ってどんな場面を思い出す？」と問うて絵を描いてもらうと，だいたい同じような絵が描かれます。驚くほど同じような右の絵のようになります。これは，「整列して体育係が前に出て，号令に合わせて（音楽は使用しない）ラジオ体操（の動き）や伸脚・屈伸を，毎時間同じ内容で行っている」という調査の結果と符合します（中村，2016）。

こういった日本の体育授業の典型的な準備運動を行っている時，子ども達は何を見て，何を考えているのでしょうか。「さあ！　今日もしっかり指先まで意識して気持ちよく伸びよう！」「全員がびしっとそろっ

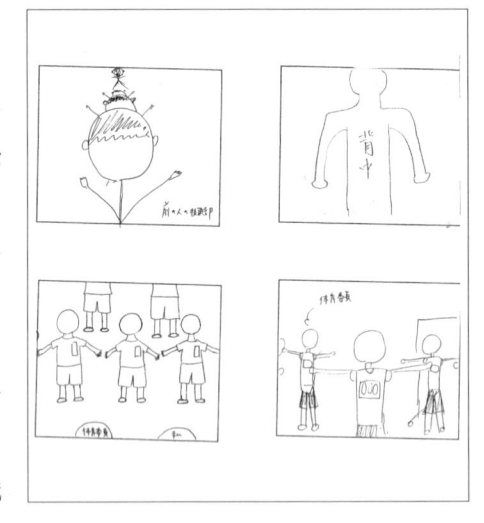

準備運動のイメージ

て動くぞ！」「心拍数を上げて，今日のサッカーの試合でいい動きができるように準備運動頑張るぞ！」そんな風に思いながら準備運動をしているのでしょうか。

「主体的・対話的で深い学び」を目指した授業づくりが求められる今，体育授業の導入を児童・生徒の学びの視点から考えなおしてみたいと思います。ここでは，「学び」とは「自己との対話，他者との対話，事象との対話である」という佐藤学（2012）の提唱する「学びの三位一体」論を基にして考えていきたいと思います。これまでの典型的な準備運動は「学び」に向かう授業の導入となっているのかどうか，「自分との対話」「他者との対話」「内容との対話」という観点から考えていきます。

2）動きながら「自分との対話」をしよう

自分が小学生・中学生だった時に受けてきた体育の授業を思い出してみてください。「今（の動きを動いた時に）どんな感じがしたかな？」「（こういう場面で）あなたはどう動きたいかな？」と問いかけられたことはあったでしょうか。教える教師自身が，「わたしの身体が動く感じ」を自分自身と対話しながら味わう体験をもっているかどうかは，授業の根幹にかかわっているのでないかと思います。

ある日，テレビを見ていた時に，「ジェットコースターのような天気ですね」とお天気キャスターが言ったのです。その言葉を聞いて，私は「わかる！」と共感し，「そんないい方もあるんだ」と夫は不思議そうに言いました。夫は，ジェットコースターの上ったり下がったりす

るコースの様子がグラフのように思い描かれたようです。一方で，私は急激に空中に投げ出され，落下していくような気持ちの悪い身体の感じが思い出され，気圧が下がる時に感じる身体の嫌な感じとぴったりあって共感しました。同じ「ジェットコースターのよう

客観的な動きの観察⇔主体的に動きを感じ取る

な」という比喩も，だいぶ違った感覚で受け止めるんだな，と思いました。どこからどのように見るかを考えると，外から客観的に動きを観察する場合と，内側から主観的に動きを感じ取る場合とでは，だいぶ異なっていることがわかります。

　さて，整列し体育係の号令で準備体操をしている時に，教師は何を見ているのでしょう。おそらく，「きちんと並んでいるか，列は乱れていないか」「きちんと指示の通りに動いているか」という目で「学習集団」を客観的に見ているのではないかと思います。教師の立場から考えてみると，自由な意志をもった40人の子ども達を広いグラウンドや体育館で活動させる体育の授業は，客観的に集団としての子ども達をとらえねばなりません。安全管理は何よりも重要と，初任の教師は先輩から厳しく指導を受けるでしょう。確かに，「学習の約束」が成立していない授業は，無法地帯となり危険な状態になってしまうでしょう。しかし，毎時間授業のはじまりから終わりまで，監視しやすい状態に整列させて，教師から一方向の「管理的な指導」（指示や説明，命令）をし続ける必要はあるでしょうか。

　私は，こういった指導を「こう動く！」型の授業と呼んでいます。（中には「こう動け！」という命令が中心になっている授業も見受けます。）「こう動く」型の授業を観ていると，技能の習得を中核に据えた運動のドリルをする授業になりがちです。「ポイントを説明する➡子ども達は言われた通りに練習をする➡上手くできていないと修正して➡また言われたように練習をする」というような説明と修正を中心とした展開になっています。子ども達は，「わたしの身体」なのに，自分以外の基準をよりどころにして「正解」（できる）と「不正解」（できない）に振り分ける作業をしていくことになります。例えば，上手くできる子どもは，「動いた時にどんな感じがしたのかな」「なぜ上手くできたのかな」と考えたり，感じたりしながら動いているでしょうか。少しは考えたり感じ取ったりしているかも知れませんが，経験と感覚で「ぱっ」とできてしまっていることが多いのだと思います。

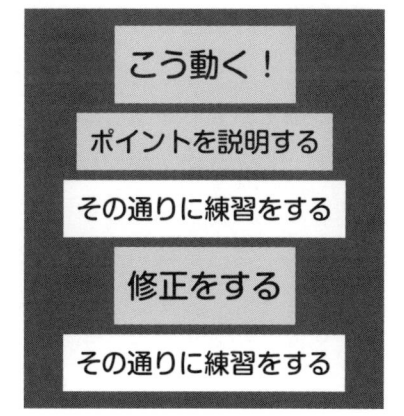

　一方，上手くできない子どもは，「動いた時にどんな感じ

がしたのかな」「何で上手くいかないのかな」と考えたり，感じたりできるはずがありません。自分の中に「問い」をもたずに，やってみてもできなかった，修正してもできなかった……，とできない事実だけが強化されてしまうと，「私は下手だ」「苦手だからできない」と思い込んでしまいます。ただの運動を言われた通りにこなすままでは，「自分との対話」は生まれてこないと考えた方がいいでしょう。

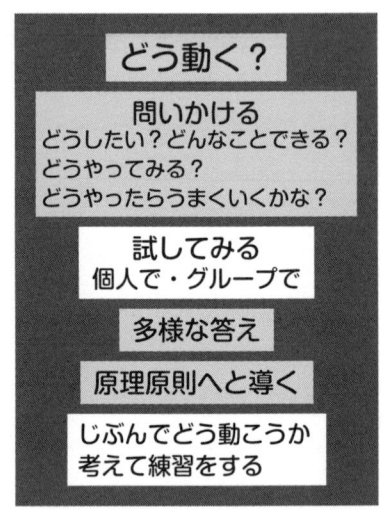

では，「自分との対話」がはじまるためには，どうしたらいいでしょう。まずは，子ども達に「どう動く？」という問いの形で投げかけることだと考えます。「こう動きなさい」ではなく，「こう動いてみたらどうなるかな？」と，訊ねる姿勢をもつと子ども達との関係が変わります。教師が「こうだ」という動き方の正解に向かっていくのではなく，自分なりの動き方や動きの感じに身体の感覚を集中させ，試行錯誤して探し出そうとするチャンスを保障しようとする姿勢を見せることになります。子ども達一人ひとりの主観的に感じる「わたしの動く感じ」を大事に思う教師の姿勢があって，子ども達も自分の感覚を意識化でき，初めて「主体的」な活動が保障されると考えます。

現状は，科学的に立証された客観的な立場から「運動について説明し理解させる」ということだけに偏り過ぎているように思います。教育の現場では，子ども達の「わたしが動く感じ」という主観的な感じ方にきちんと目を向ける時だと思うのです。

運動を感じ取る身体の感覚も，それをどう知覚するかも，体格や性格のように一人ひとり異なる，と言う前提もあるべきだと考えるからです。

3）動きながら「他者との対話」をしよう

一人ひとり，見えている映像，感じ取っている身体の感覚，運動のイメージは異なっているんだという，前提に立って授業をはじめるならば，お互いの「動く感じ」の違いを共有するところからはじめたいものです。他者との違いを知ることが，「自分」を知ることになるわけです。

では，整列して体操をしている時は，お互いの「動く感じ」を感じ取って，共有しあえているでしょうか。最初に述べた学生の「準備運動」をしている時の絵に戻ります。まず，体育係の子どもは教師と同じ視線でとらえた絵を描きます。しかし，その他の大多数の子ども達は，体育係とクラスの仲間の背中を描きます。同じように中学生にも，準備運動の

整列して体操していても頭の中はいろいろ…

時に「何を考えていますか」と聞いたところ，「早く試合したいな〜」「準備運動早く終わらないかな」というものから，「無」（何も考えていない）と一言や，「修行の時間」というような回答までありました。子ども達は，「準備運動は我慢して早く終わらせること」のように学んでしまっているようです。そして，「何を見ていますか」と聞いたところ，多くは前に立っている体育係。そして，後ろ

見ているものもそれぞれ……

の方の子どもは体育係が前の方の人たちの陰に隠れてしまいよく見えないので「前の人の背中」と答えました。少数ですが「空を見ている」やら，「壁」「前髪」を見ている生徒もいるようです。

体育係は教師の主導権を譲渡されていて，実は教師の代わりに「１２３４」と号令をかけ，動きの整い方を監督している立場になってしまっています。「ちゃんとやれよ」「そこ，しゃべってないで」という注意をしなければなりません。列の外から客観的に観察している教師には，「５６７８」と仲間のかけ声と呼応して，「統一感」や「一体感」をもって動いているように感じられるかもしれません。でも，「整列」の状態で列の中にいる子どもにとっては，お互いに話をしてはいけないし，よそ見をしてはいけないので，あわせるのが困難な状況にあります。どうやってあわせているのかといえば，他律的な号令にタイミングをあわせ，教師に指示された動きを順番通りに「間違えないように」動いているのです。

教師は，「自分達で自主的に一体感をもった準備運動をさせている」，「体育係が中心になっているから子ども達の主体的な活動だ」と思っているようです。子ども達は「あわせなければならない」（ずれたり覚えていなかったりすると指導を受ける）から，「なぜ，そうするのか？」や「そうするとどんな感じでどうなっているのか？」を考えることもなく，言われたように号令にあわせて動いています。この状況で，他者の動きに自分の意志で「あわせてみよう」と考えている訳ではないのです。

整列した外から見ている教師の見え方と，列の中に並んだ子どもの見え方は，だいぶ違っているのです。列の中にはいってみると，主体的で対話的とは正反対にある，他律的で孤独な状態にあるように思えます。そういう視点でもっと「教師が教えたいこと」と「子どもの学んでいること」の間に離齬がないかを見直さねばなりません。

それでは，「他者との対話」が生まれるために，導入をどのようにしたらいいのでしょう。

私たちが運動をする時に，誰かと一緒に動いている実感は，お互いの動きや表情を見合い，同じ動きをしたり，タイミングをあわせたり，距離をつかんだり，笑顔を交わし合ったりすることで味わえるのではないでしょうか。しかも，手をつなげるくらいの近い距離感で，安心し

て学びあえる仲間を作る必要があります。

　これから一緒に学んでいく，同じグループの「〇〇さんの動く感じ」や「△△君の動く感じ」は，「〇〇さん」や「△△君」と一緒にその運動を動くことでしか味わえません。全員が異なる「動く感じ」をもっているという前提に立ち，丁寧に交換し合っていくというところからはじめたいと考えています。そのためには，まず全員が同じ方向を向いて整列することをやめて，向かい合う関係で近い距離で一緒に動くことからはじめてみましょう。そうすると，自分以外の仲間を見ることができます。視線を制限されなければ，動きながらずっとグループの仲間の動きを見ていられます。また，手をつないで動くと，お互いの動きの感じが伝わってきます。そうやって，子ども達が自分達でお互いに調整しあって動いてみることが対話そのものではないでしょうか。グループで上手くあわなければ，手を伝わって自分も仲間もお互いの違いに気づきます。その時に，「ちゃんとやれよ」「何でできないんだ」と誰かを責めあうのではなく，「どうしたらみんなで上手くいくか」という問いになれば，得意・不得意な子の間に線を引いてお互いに孤独になる関係ではなく，一緒に動きながら考える仲間になるわけです。

向かい合う関係（身体のぎりぎりまで）

ついて行く関係（キャッチする手で）

同じ方向に共に行く関係
（3歩のリズムで）

　他者と共にある空間の中で動く時には，お互いの多様な位置関係があるわけです。決められた位置から動けず，視線を制限されていて，空間の感覚が学べるはずがありません。ですから，向き合う位置関係，ついて行く位置関係，共に行く位置関係になりながら，一緒に動きはじめたいと思うのです。例えば，「あなたの後ろについて行きますよ」という関係では，先頭の人の動きを真似したり，行きたいコースを選んだりして，グループのメンバーはそれを尊重してついて行きます。順番に先頭を変えれば，先頭で動く経験も，前の人について行く経験もできます。前後，左右，上下と違う位置にいる仲間を見ながら一緒に動くことで，相手の「空間における位置を感じ取る」という「他者との対話」ははじまっているのです。中学校でもそれらの活動が必要だということは，子ども達がそういった感覚を自覚できないまま幼稚園や小学校で運動をしてきているということなのかもしれません。

　自分とは違う他者の身体の都合や状況をきちんと受け止めて，その上で一緒に動くにはどうしたらいいのかな，とお互いの動きを調整しあっていくこと，尊重しあっていくことが教育の

中で「体育」という教科がある意味だと思います。

そうなった時に，「どうしたら上手くいくか」と子ども達が本気で向い合うために，「内容との対話」を準備することが最重要になってくるのだろうと考えます。

4）動きながら「内容との対話」をしよう

号令，説明，指示を減らし，「自分との対話」ができるように「身体で考える問い」を投げかけていきましょう。そして，整列させて視線を教師にだけ集めるのはやめて，グループの仲間同士が「他者との対話」ができる空間を作るようにしましょう。そう授業の導入を考える時に何より大事になるのは，単元の学習計画を見通して，導入でグループの仲間と「動く感じ」を共有しあっておく内容を吟味することではないかと思います。

しかし，前述の準備運動の調査結果では，屈伸伸脚などの体操，ラジオ体操（大切にしたい音楽を使わないで号令をかけて，しかも一部分だけ抜粋して行っていたりします。），ランニングがよく行われているものでした。そして，毎回ほぼ同じことを実施しているという回答が8割でした。教師の回答には「ランニング3周，腕立て10回，馬跳び……全部やることは決めてある」「毎回説明しなくても効率よく手順よく進むように，いつも同じ内容にしてある」「体育は規律をきちんとさせなくてはいけないから，毎回びしっとやっている」などがありました。それは，確かに効率がいいのですが，誰にとって効率がいいのでしょう？

いくらなんでも，いつでもどんな内容の単元でも，年がら年中同じ内容の「準備運動」をする必要があるでしょうか。それは，学ぶ子ども達のためではなく，教える教師の都合ではないかと思えてなりません。中には「なんか違うなと思うのだけど，準備運動の他の方法を知らないんです」「忙しくて考える暇もなく，工夫できません」「学校で決まっているので，他の先生と違わない方がいいのかなと思って」「怪我をすると準備運動をしていないと言われてしまうから」と答えた先生もいます。体育授業で豊かな運動文化に触れる出会いの場にしたい，と願っていながら，なかなか実践できないもどかしさを感じている教師も多いようです。

50分しかない授業の流れを生み出す大事な導入部分が，これから学んでいく内容との出会いになっているでしょうか。自分の授業を振り返ってみても，私自身が経験的に積み重ねた「競技スポーツとしてのその種目の技能の練習内容と方法」，科学的に立証された「競技スポーツにおいて勝利するために効果があった練習内容と方法」についつい偏っていないだろうか，と疑わねばなりません。初めて触れる「運動文化」の導入においても，競技スポーツで成果の上がった競技スポーツの為の技能習得の練習内容や方法を「テキスト」として参考にし，「練習メニュー」のようなものを組んでしまっていないでしょうか。長い年月をかけてトレーニングを積んだ競技者，あるいは競技を目指すジュニアチームの子どもにとって有効であったコツや練習の仕方を，授業で初めて触れる子ども達にそのまま流用してはいけないのだと思います。

一方で，子ども達自身も，試合会場に行かなくても試合をテレビで簡単に見ることができる

時代です。リプレイやスローモーションもしてくれるし，選手の動きの意味まで解説してくれます。思わず釘付けになって，わくわくどきどきして観戦してしまいます。しかし，皮肉なことにこれもまた，私たちが自分自身の中にもっている「多様な動き」を切り捨てて，テレビ画面の中にある「動き」へと均一化することにもなっているように思います。客観的・論理的な観察と評価による科学的な進歩で「競技スポーツ」の動きが洪水のように溢れかえっています。そういった「競技」のための「速く，強く，高く」という効率重視の技術だけが，人間のもつ「価値ある動き」であるかのように教えこんではいけないと思うのです。

「投げる」という動作について考えてみたいと思います。ここでは，中学校で初めて経験するソフトボールの導入授業の場面を例に，投げる─捕るという動作の練習方法である「キャッチボール」について考えてみたいと思います。「他者と向き合って，相手に向けてボールを投げて，相手が捕る」という，双方向のやりとりでバスケットやハンドボール，サッカー（ゴール型）でも，バレーボール（ネット型）でも対面でパスからはじめることが多いでしょう。まさに，対話的な交流を生み出せる可能性をもっている活動です。しかし，ある授業を眺めてみると……。

整列して典型的な膝の屈伸，伸脚が終わりました。

教師：二人組を作ってキャッチボールをします。

筆者：え～!! ボールやグラブに触ったこともない子がいるのだけど，グラブやボールに触ったり，ボールがグラブに入った感触を味わったりしないの？それに，何の配慮や声かけもしないで自由に組むの？ 何の根拠があって自由に組ませるのかな？

案の定，野球の経験があるか運動の得意な子ども同士，あまり野球を知らない子どもや運動が得意でない子ども同士が組みます。仲良しな友達同士で組んでいる二人組もいます。

教師：最初は近くから，相手の胸をめがけて投げてみよう。

筆者：え？ ボールの固さや重さ，グラブの感触を味わったり，自分で投げ上げたりキャッチなどしないの？ いきなり，相手から飛んでくるボールを捕るの？

さっそく，野球部の子と運動の得意な子が組んで，「テレビで見た野球の試合のイメージで」「野球部の練習のイメージで」投げ始めます。上手投げでどんどん強く力いっぱい投げたくなります。すでに野球のピッチャーの投球練習，だんだん遠くに力いっぱい投げたくなってきて，距離も離れて外野からの返球練習のようです。さて，一方あまり得意でない子ども達は，近くからそっと投げるところからはじめればいいのですが，周りが遠くに離れていくので同じように離れてしまい，相手のところまで届かない，思わぬ方向に投げてしまう，何よりも自分に向かって飛んでくるボールなんて怖いから避けてしまう……いずれにしろ，「キャッチ」はせずに転がったボールを取りに行くばかりで，球拾いの練習をしているようです。……

「まさか！」という極端な例ですが，経験の差が大きい状況はどの学校でも同じではないかと思います。お互いが「違う」ということを前提に「ペア」になることで学びが生まれる可能性があるのですが，しかしこうやって「高い，速い，強い」ことに意味があるという価値観が

授業の中で優位になると「違い」は否定的にとらえられてしまいます。

　キャッチボールとは，「投げたり受けたりすること」ですが，「キャッチ」（丁寧に相手の投げたボールを受け止める）を先に学ばなければ成立しないと思います。「私の動きを発信する」ことと同じ位，「相手の動き」を受信することが重要なのです。先ほどの例で言えば，ベースボール型では「味方が投げて（ピッチャー），相手が打って（バッター），味方が走って捕って投げて捕ってという連携する（守備）のと，バッターとその仲間が塁を進む（攻撃）のとどっちが速いかを競い合う」ところにおもしろさがあるのではないでしょうか。相手より速く，という競争ではありますが，味方同士が強いボールを投げつけあって，ボールをキャッチできない状況では内容と向き合うことはできません。仲間の捕りやすいボールをちょうどいいところに投げてつなげばゲームを楽しむことができます。とするならば，導入では「仲間のキャッチしやすい強さや位置を考えながら，ちょうどいいところにボールを投げられるか」という問いを共有してはじめて「キャッチボール」になるのだと思います。キャッチできない人ができないから悪いのではなく，「どうやったらお互いに上手く交換できるか？」という問いにすれば，調整しあう二人の問題になります。また，同じ人とばかり組んでいたのでは，「違う動きの感じ」を感じ取ることができません。二人組の活動では，相手によってちょうどよさは変わるでしょう。そうではなく，個別の技能ができても，その意味を編みなおす時間を過ごしていない身体の中には「意味」は入っていません。切り取った「投げるという動作」だけをより効率をあげるためにドリルをしてしまいます。

　競技スポーツの世界では「より効率的に速く（時間）・高く（空間）・強く（力），他者より勝ることができるか」という「競争」の原理で，優劣を競いあい勝敗を決めます。もちろん，観客は高いレベルで技を競いあう姿に，見ていてわくわくするわけです。しかし，そのままの価値観を授業に持ち込むと，「速いのは素晴らしい，遅いのはダメ。高く跳ぶや長い距離を投げるのは価値があるけど，低いや短いは価値がない。強いは勝ちで弱いのは負け」という，動きのもつ価値を「高く・速く・強く」の一極に偏って教えてしまうでしょう。それでは，偏った運動文化のみを扱っているように思います。実は，素晴しいアスリートは緩急，強弱を上手く使い分けて，時間と空間と力の複雑な世界をみごとに制御しているのではないかと思います。そう考えると，空間（身体の位置・お互いの距離や位置，移動の軌跡など），時間（速さ・タイミング・リズムなど）や，力（強弱・直曲・押引）の両極の幅を広げ，状況に応じて加減を学べるように「身体が考える問い」を準備することが必要なのだと思います。

【参考文献】
中村なおみ他（2016）「体育授業における『準備運動』を再考し，『主体的な学びへ向かう導入』へと変えていく試み」
　笹川スポーツ研究助成
佐藤学（2012）『学校を改革する―学びの共同体の構想と実践』岩波書店

（中村なおみ）

3 導入の10分間の組み立てのヒント

1）授業づくりの実践から見つけたヒント

　体育の授業のはじまりは，「学ぶ内容が異なっても準備運動はいつも同じ」。整列という一人ひとりの状態のまま，号令にあわせて，全員が同じことをしなければなりません。つまり，これから一緒に学ぶ仲間と「動き」を通した関係を築くことができません。「他者と一緒に動くには，不都合や上手くいかないことがある」ということを理解しあえないまま授業がはじまります。さらに，これから学ぶ内容とはあまり関係ないことが行われていることが多く，授業内容と切り離されて一種の儀式のようになっています。私自身の感じていた問題意識から，実態を調査してみると，疑問を抱いていながら具体的な解決策を見出せないまま，「これまでの典型」を継続してしまっている教師がいることがわかりました。そこで，「これまでの典型的な準備運動」を変えて，授業そのものも改善していこうという取り組みをいくつかの中学校で行ってきました。（先生方と一緒に考えて実践した導入の例は後半の実践例にいくつか書かれています。）

　準備運動に関する調査（中村，2016）の結果では，「身体を温める」「怪我を防止する」という点では多くの教師も強く意識していて，子ども達にもそれが伝わっていました。でも，「これから一緒に学ぼうとする仲間」や「これから学ぼうとする内容」との関係は，あまり意識されていませんでした。そこで，「ウォームアップ」（身体を温める，怪我を防止する）だけでなく3つのアップを考えた導入の事を現場の先生方との間で通称「スリーアップ」と呼ぶことにしました。1つ目は，ウォームアップ（自己との対話），2つ目はコミュニケーションアップ（他者との対話），3つ目はスキルアップ（内容との対話）としました。少々誤解を招くネーミングかもしれませんが，前で述べたように自分・他者・内容との対話的な学びが必然的に生まれてくるような導入を工夫していこうという意図です。

○**自分との対話**　　ウォームアップ
　怪我の予防や動きやすくするために身体を温める，その種目の特徴的な動きや環境を感じ取る
○**他者との対話**　　コミュニケーションアップ
　グループの仲間と「動き」で対話し，運動の原理原則を学び合う
○**内容との対話**　　スキルアップ
　中核となる身体の動きの「動く感じ」を味わい，その内容を動きやすい身体になる

　3つをアップし対話的な学びをはじめるためには，まずは競争しあう関係ではなく，協働の

関係を育てなければなりません。

　佐藤（2012）は，「体育科において尊重されるべきは『話し合い』の言語ではなく，体育の身体言語の『訊き合い』であり，その『学び合い』である。一人では学び合いが成立しないという前提に立ち，『聴き合い』（訊き合い）にもとづく他者のアイデアや身体活動の模倣とスキャフォルディング（足場かけ）による学びを追及している。」と述べています。授業の導入の段階でこそ，訊き合う関係になるような活動を選んでおくことが重要なのではないかと思います。ここで言う「導入」とは，毎時間のはじまりの部分でもありますが，各単元のはじまり，その学校での体育授業のはじまり，にまでも広げられると考えます。

　　①子ども達が自分自身の「動く感じ」を身体に訊きながら動くよう，教師が問いかける。

　　②グループの仲間同士でお互いの「動く感じ」を訊き合う関係になる。

　　③単元で学ぶ内容を吟味し，子ども達の「他者と共に動く」経験の幅を広げる課題を創る。

と前の２で述べてきた「他者との対話」の考え方を，教師も子ども達も共有しあうために，まずは４月のその学校での体育授業のはじまりに，体つくり運動の単元から実践しはじめました。

２）訊き合う関係をつくる導入のアイデア

　体つくり運動の体ほぐしの運動には，交流をねらいとし他者とかかわりながら学ぶ内容がたくさん紹介されています。しかし，その内容がそれぞれの領域につながっていっていないように思います。ここでは，体ほぐしの運動として紹介されている活動は，他の領域の導入にとても重要な基盤となるので，つながりのヒントを整理してみました。

　授業のはじまりには，こんな話からはじめました。

　「運動のできる人ってどんな人？　高く跳べる，相手を強い力で倒せる，速く走れる人は確かにすごいよね。でも，『自分だけ』できても運動って楽しくない。自分と違う他の人と一緒に動けるって，もう一段階すごいと思うよ。さて，この２人でバランスが取れると思う？　30cmくらい身長が違うと思う。（やってみせると子ども達からは拍手が起きる。）手や腕への力のかかり具合を通して脳に情報が来て，どうなってる？　こんな感じかな？　と考え感じとりながら動いてるんだよね。どっちか一人だけが頑張ってる？　違うよね。二人で見えない情報を交換しあってる。さあ，みんなもやってみよう」

こんなに身長の差があってもバランス取れるよ。

●バランス取れるかな？（身体の大きさや重さや力の強さの違い）

4人グループの中でいろいろな人と組んでみよう。

 2人で手をつないで，バランスを取れるかな？

まず，目で見て，「あれ，背が高い」「私より小さい」と思います。手をつないだ感触を通して，相手の重さや，力が少しだけ伝わってきます。

 手を伸ばしたまま，つま先を近づけてみよう。そのまま座れる？　座ったら立ちあがれるかな？

この問いかけで，だんだんお互いの手や腕に力が伝わってきます。そうなると目には見えない力加減を2人で調整しあっていきます。自分のバランスを取るためには，相手の力が必要。自分も必要なところに力を入れないといけません。簡単なのに，相手がいると思うようにできません。

 グループの中で違う人と上手くいくかな？

さっきより簡単にできるペア，上手くいかないペアなど出てきます。手の力のかかり具合を通して脳に情報が来て，どうなってる？　こんな感じかな？　と考え感じとりながら動き始めるように，「どうやったら上手くいくのかな？」と教師も動きながら感じ，考えるよう，問いかけていきます。

 もう一人，違う人とやってみよう。

相手が変わると同じようにはできません。思うようにできなくても，「あれ？　違う」と感じられることが重要な活動だと思っていきます。3人目になると，コツをつかんだ子どもが一緒にやりながら「もっと引っ張って！」とか「力を入れ過ぎないで」と言葉にしたり，無言で手をつないだ力加減で伝えあったりしていく様子も観察されます。まさに知恵の共有ではないでしょうか？

こうやって，時間（タイミング，速さ），空間（他者との距離），力（重さ，大きさ，体の傾け方，身体の部位の力の入れ方，手のつなぎ方，手をつなぐ強さ）を，「私自身」が「あなたと向き合う」ことで，しっかりと感じとっていく活動をベースとして授業の導入を考えたいと思います。

さらに，この活動は，片手で，片足で，シーソーみたいに動きながら（交互に立つ座る），片手でシーソー，そして相手を乗せる，引っ張ってジャンプなどに，発展させられます。

対面して行う柔道や剣道，少し距離が離れて向き合うネッ

ト型の種目でも，マット運動での補助でも，ペアを組む相手の身体の向きや距離，力や重さを考えたり感じとったりするためにも導入として工夫することができそうです。

●いろいろなジャンプできるかな？（瞬発的な筋力を出すタイミングや力の違い）

同じような展開で，「ジャンプ」を一緒に跳んでみます。

 あわせてジャンプ！

4回軽くジャンプ，2回大きくジャンプします。とても簡単そうですが，筋力の差があり，踏み込むタイミングやジャンプの高さが違うので，思っているより上手くいきません。2人でやってみよう➡違う人とやってみよう➡もう一人違う人とやってみよう➡4人でやってみよう，と人が変わる度にあまりにあわないので思わず笑ってしまいます。

 今度は，相手とずらしてみてくれる？

「ずらしてジャンプ」と言いながら，片方が飛んで片方が沈み込むのですが，今度は不思議とあわせてしまうのです。真剣に取り組んでいるのですが，なんだか笑顔になります。

さらに発展させるならば，ジャンプを「そっと」「音もしないで」や「くるっと」「1回転して」「空中で2個ポーズを変えて」と動きの質を変えたり，「横一列でもできる？」「縦に並んでもできる？」と「だんだん離れて，体育館の壁から壁に離れてもできる？」と遠くに離れるなど位置関係を変えると，身体の使い方やお互いの見え方が変わることになります。

走り幅跳び，バレーボールのアタック，バスケットのシュート，ダンスのジャンプなど，いろいろな場面で「跳ぶ」動きがあります。みな「跳ぶ」ですが，これ以後も学びあう時に「○○ジャンプの正解はこうやって跳ぶのが正しい」という「ジャンプ」という概念ではなく，「○○さんのジャンプ」というように個別の身体が行う運動としてお互いに認識しあって，時に「どうしたらタイミングがあわせられるか」，また場面によっては「どうしたらリズムよく跳べるか」「どうしたら強く踏み切れるか」と考え感じながら動くことが学びにつながるのではないでしょうか。

相手と時間（タイミング・リズム）や，空間（上と下という位置関係），力（身体のばね）を概念ではなく身体の感覚で実感し，「このくらい」という尺度をもち，調整できるようになることが，体育で学ぶ知識ではないかと思います。

これまでの体育では，「強く跳ぶ」「遠くに跳ぶ」「高く跳ぶ」という片方の極へと志向する指導しかありませんでした。でも，「思いっきり強く踏み切って跳び，どんと音を立てて着地する」のと，「ふわっと跳び音も立てずに降りる」では，身体の使い方が異なります。動きの

質の違いを体験し，その質の動きをするためには身体をどう調整して動けばいいのか，と考えながら他者と共に学んでいくような導入はもっともっと工夫できそうです。

「あなたと　私と　○○と」でも「ちょうどいい」を丁寧に調整する

●しんぶんしキャッチ

・1人でできるかな？

 （肩の高さで新聞紙を持って）ぱっと離して，ぱっとつかめる？

子ども「かんた〜ん」

・2人でできるかな？

 2人で向き合って，それぞれ右に一歩。友達のしんぶんしをキャッチできる？

キャッチするためには，落下地点を予測して，新聞紙に素早く身を寄せなければなりません。距離や落下の速さやコースを考えながら走ります。また，新聞紙を投げ捨ててしまったら，相手は取れません。その場にちょっと引き上げながら置いていく感じで，相手が取りやすいように工夫しあいます。よく，「おい！　ちゃんと取れよ！」と取れない子が失敗を責められます。ここで，教師までもが取れない子の方を指導してしまっては，問題がずれてしまいます。ここでの問題は，「どうやったら今一緒にやっている2人で上手くいくか？」です。

・グループの中でもう一人違う人とやってみよう。

・四人組でできるかな？

「4人でもぴったりと一緒にキャッチしてね」と発展させます。さらに「空間を広げてもできるかな？」「反対回りでもできるかな？」「一つ飛ばしで（一人先の人のしんぶんしを）キャッチできるかな？」と同じ状態でも時間，空間，力を変えて，動きを変えるひとことを問いかければ，チャレンジ課題にすることができます。運動の間に「ひとこと」で子ども達の動きを変えられたら，最初に長い説明をする必要がなくなります。

　難しくなっても，失敗を責めあうのでなく，仲間の都合をきちんと聞きあっていく雰囲気ができると，「できない」を責めるマイナスのサイクルが断ち切られます。そういう学習集団な

せーの（目と目をあわせて，息もあわせて）。

しんぶんしを広げたまま，放してキャッチ

らば，やっと対話的な体育の授業が始められそうです。

同じ活動を，新聞紙を丸めて投げ上げキャッチにしたら，球技へとつながっていきます。小さくふわっと上げてキャッチ，大きく高く上げてキャッチなどと課題を変えて挑戦できます。さらに，ボールをバスケットボールに持ちかえて，2回バウンドさせて，3回目に隣の人のボールに身体を寄せて，キャッチします。だんだん，手のひらをボールに向けて押さえられれば，脚も素早く動き，腰より下のショートバウンドでキャッチできるようになります。ハンドボールならば，片手でその場にボールを軽く浮かしてキャッチなどにつなげていけます。サッカーでは，蹴る方向と走る方向を変えるという挑戦課題も工夫することができます。

中学校で扱う競技としての種目で使われているボールは，体育の授業で初めて触れるという子どももいると思います。ですから，表面の感触も重さも硬さもわからない，ましてやどんな飛び方・弾み方をするのか予測することすらできないのです。ですから，球技の授業の導入では，1人一つずつボールを持って，たっぷりボールの感じを味わうことから始める必要があると思います。

最初から，2人で向かい合ってパス練習をすれば，自分に向かってくるボールを取るのですから，怖いなと思う子どもがいて当たり前だと思うのです。もちろん，なかなか脚が動きません。ふわっとしていて落下速度の遅いしんぶんしならば，知らないボールと違って怖くありません。円

しんぶんしを丸めて，投げ上げキャッチ

バスケットボールで，ドリブル＆キャッチ

になって，隣の人のしんぶんしを「取りに行く」という動きを経験しておくと，目と手の協応感覚を耕すことができ，加えてボールに身を寄せるために脚を動かすようになります。

　また，手をボールに向けて出してしまい突き指をしてしまう子どもがいます。怖いから，身体も固まってしまい，手だけがボールに向かって真っすぐに出るような形になってしまいます。どんなに「怖くないよ」と言っても無理な話です。ボールを持って，隣の仲間と押し合って，指先に力を入れて，身体の高い位置，低い位置でボールを押さえる感触を味わうことは，子ども達の身体感覚を耕すと共に，けが防止にも大きな意味があります。

　今，目の前にいる子ども達が，動きにくそうにしているのはなぜかな？　どうしたらその意味を考えられるかな？　仲間と一緒にどんなことを考えながら動いたらコツがつかめるかな？　といった視点から「仲間と動きで答えをみつける問題」を探りだし，導入から問い続けて子ども達の学びを支えます。

3）授業の導入を練りなおすと，授業が変わる

　単元の1時間目にも，毎時間の導入でも，これから学ぶ内容に出会うための動きの予習と，これまでの経験の復習で動く感じを思い出す時間が必要ではないかと思います。

　マット運動の実践を例にするならば，1時間目は，ゆっくりと時間をかけて，マットの感覚になじんでいくために，下記のような課題をグループでやってみます。最初は身体を温めて「みんなでジャンプ」，背中を丸める感じとぐっと身体を伸ばし，軸を締める感じ「ぎゅっと丸く―伸びてピーン」，両手で身体を支える感じ「せーのでゴリラ」。動きの名前は，教師が子ども達と合言葉で動きにつながるような名前をつけるといいと思います。このクラスでは，「ぎゅ」「ピーン」と言いながら仲間と楽しそうに動きを合わせていました。1時間目に，この感じを思い出してほしいな，この感じをつかんでおいてほしいな，という動きで考える問題にチャレンジしていきます。

　その時に，体つくり運動で「身体や動く感じは，個々人で違うことを前提にして，動きながら受容しあう」ということを学んでおいたことはとても重

授業実践例	マット運動	
1時間目 教師が問いかけながらグループで動いてみる	**2〜4時間目** 1時間目の内容を学習グループが近い距離で一緒に動く	**5〜7時間目** 新しい内容を追加する
①みんなでジャンプ 　小さく―大きく，右左，前後 ②同じことをやってミラー 　体のぎりぎりまで動こう ③ぎゅっと丸く 　―伸びてピーン 　小さなゆりかご 　―大きなゆりかご ④せーのでゴリラ ⑤全部つなげて 　通してみよう！	スリーアップ	スリーアップ

要でした。体つくり運動の経験を「あの時どんな感じだった？」「どうしたら上手くいくんだっけ？」などと思い出すことで，マット運動の動きに置き換えた課題に対しても，自分達で解決へと向かうきっかけになりました。

　実践がはじまり，導入で仲間とともに動くようになると，授業の中で教師がこれまで通りの一斉指導を突然はじめると，子ども達が固い表情になって動きにくそうになりました。映像を観ながら授業を振り返った時に，ベテランの先生が言いました。「説明する時に，しっかりできるように全部説明してしまう。これだけ説明したら，もうすみずみまで言ってあるから，もうこちらはお膳立てしてあります。というくらいまで言っちゃうんですよね」「子ども達が考える隙間がない位，言っちゃう」と，教え過ぎ，説明し過ぎであることを省察しています。「専門家なんだから，わかりやすく説明し，いい練習方法でできるようにしなければならない」という「教える義務」に縛られている様に思います。また，「考える隙が無いくらいきちんと説明するために，並ばせたりする。グループのまま，助け合って考えるくらいに言えば，グループの仲間とできるんですね」と，子どもの見方も変わってきました。何か変わって一度その呪縛から解き放たれれば，発想が変わり授業が大きく変わることを実感しました。

　「グループの仲間と距離が近いところ（空間）から始め，お互いの力加減や，タイミング・速さ・リズムなどの時間要素の変化を一緒に味わう」活動と，「整列し，一斉指導型で，号令による体操をする」では，授業の様相が大きく異なることはわかって頂けたかと思います。まずは，教師が，子ども達が動きで答えるように問いかける―子ども達は仲間と動いて試しながら答えを探っていくという対話の中でこそ成立していきます。

　相手と時間（タイミング・リズム）や，空間（上と下という位置関係），力（身体のばね）を概念ではなく身体の感覚で実感し，「このくらい」という尺度を持ち，調整できるようになることが，体育で学ぶ知識ではないのでしょうか。そして，動き方を教え込むのではなく，今目の前にいる子ども達が，どうしたら動きの意味を考えられるかな？　何を考えながら仲間と一緒に動いたらコツがつかめるかな？　と考え「仲間と動きで答えをみつけだせる問題」を探りだすこと，身体や動きに問い続けて子ども達の学びを支えること，がこれからの教師に求められているのではないでしょうか。

【参考文献】
岡野昇・佐藤学（2015）『体育における「学びの共同体」の実践と探究』大修館書店
中村なおみ他（2016）「体育授業における『準備運動』を再考し，『主体的な学びへ向かう導入』へと変えていく試み」
　笹川スポーツ研究助成

（中村なおみ）

4　導入の改革が新しい体育カリキュラムを支える！

1）はじめに

　最近，参観した2つの授業には共通点がありました。それは，授業前の休み時間から子ども達が全力で身体活動をして，仲間と共に遊んでいたということでした。子ども達は汗をいっぱいかいて，授業のはじまりを迎えました。そして，授業開始，子どもは教師の集合の合図に，駆け足で集合しました。その後，「1・2・3・4……」と屈伸，伸脚と準備体操がはじまりました。先ほどまで，激しい動きをしていた子ども達ですが，教師の指示に戸惑いも感じず，当然のように準備体操を行っていました。

　一見すると当たり前のように通り過ぎていくこの風景ですが，私は，このような光景に潜む体育の学びの危うさを感じています。というのは，まず，子ども自身が，準備体操をなぜするのかということを考えているというよりは，無批判に身体活動をしているように思えるからです。子ども達は，休み時間，運動遊びに興じていました。体育館に入ると，準備体操せずに，一目散に遊びをスタートさせました。身体活動の準備として準備体操をするわけではなく，即座に活動に移っているのです。しかし，そんな子ども達が，体育の授業では，教師の準備体操の指示に，不満も漏らすことなく，疑問を呈することもなく，したがっています。このような光景に，「主体的に学び，意思決定をしながら，学びを展開している学び」とは，全く正反対の学びを見出すことができます。教師の指示に受動的にしたがい，思考をせずに，ただ身体を動かすという行為を通して，学びの中に主客の関係を生み出し，目にはみえない上下関係の中でしたがう身体を育成し，批判的思考や創造性などの力を抑制し，メタ認知することを学びの中で軽視していくような姿勢が，このような授業の構造から学ばれていくのではないかと思うのです。

　すなわち，伝統的に，教師が準備体操をやらせるような導入によって，学習者である子ども達は，教師にしたがって身体をコントロールすることを体育の学習と考えるようになっていくのではないかと思うのです。そのような身体性を育むことにつながっている体育は，「生涯にわたって運動に親しむ」自律的な姿勢を育むことにはつながりにくいといえます。そこで，体育授業をよりよい学びにしていく上では，体育授業の重要な一部として機能する導入の改革こそが重要であると考えます。

2）次世代型の学びへの転換を支える…

　2014年2月13日に，経団連がOECDのアンドレアス・シュライヒャー教育局次長を招聘し，「生徒の学習到達度調査（PISA）」，ならびに「国際成人力調査（PIACC）」の最新の調査結果に関する説明を聞くと共に，日本の教育の課題について意見交換しています。その際，シュラ

イヒャー氏は，「21世紀型社会で求められる能力は，知識ではなく，創意工夫をして問題を解決する能力や，人と協働して意思疎通を図る力，IT を使いこなす能力，起業家精神などであり，今後の日本の教育の課題は，それらの能力をいかに養成していくかにある」と述べています。

同様に，コミュニケーション力，交渉力，創造力，分析力，問題解決力，リーダーシップ，マネジメント力，柔軟性などの能力を21世紀型スキルと称し，これから求める学習成果ととらえるようになってきています。2017年に改訂

ソフトスキル	ハードスキル
コミュニケーション力，交渉力，創造力，分析力，問題解決力，リーダーシップ，マネジメント力，柔軟性など	理論・手法等の体系的な知識，各種資格，学位など

21世紀型スキル

された学習指導要領の内容も，この考えと共通するところが大きいといわれています。21世紀型スキルで示されているようなスキルは，対人関係に関する非定型的なスキルであるソフトスキルといわれるものです。これは，科学技術が急速に大きな変化を遂げ，大きく変貌し続けている社会において産業改革も進み，今や第4次産業と呼ばれるような仕事が激増し，このような仕事が中心になっている社会において，その時代の流れに適応し，社会を支えていく人材にとって，ソフトスキルといわれる力が重要だと考えられているからです。

一方，伝統的な学びでは，理論・手法等の体系的な知識，各種資格，学位などの定型的で可視化しやすいハードスキルといわれる能力に焦点をあてていたといえます。これらは，ある種の業務遂行の上で，それに見合うレベルのハードスキルを必須としますが，より高度化し，複雑化した仕事の中では，関係性の中に編み込まれているようなソフトスキルの方が重要になってきているといってもよいでしょう。

私は，このような転換のきっかけを授業導入部の中に見出すことができるのではないかと思うのです。すなわち，授業の導入部で，「集合させて，準備体操してから主運動に入る」という定型のスタイルを繰り返し実施することは，「準備体操→主運動」をすべきであるという定型の知を育み，特に，準備運動が学習内容と関係なく，常に同じような運動を繰り返すことで，「体操をしておくことが主運動をする準備になる」と認識を定着させていくように思います。しかし，そのように理解していても，「必要感」をもつことがないので，実際に，体育や部活動など形式的に集団で運動する場面以外では，「準備体操」をしてから運動をすることがあまりないのだと思います。

実際，このように育ってきた私たちは，授業を実施するときに，「準備体操をしない」という決断をすることに恐ろしさを感じているのではないでしょうか？ それが何の役に立つのかわからないですが，「やっておけば」安心というような，意識を生み出すのだと思います。い

つも「やってきた」という経験は，「フツー」であることを好む日本人にとって，やっておけばよいという実感さえ生んでしまっているのだと思います。このように考えると，短時間のことだから，とりあえず，やっておこうということは，大きな問題ではないかと思うのです。深い学びに向かわせない大きな原因は，安易な導入にあるのではないかとさえ思います。

3）生涯スポーツとのつながりから考える体育カリキュラム

　平成23年（2011年）6月に制定されたスポーツ基本法においては，スポーツを通じて幸福で豊かな生活を営むことはすべての人々の権利であるとされ，スポーツは，青少年の健全育成や，地域社会の再生，心身の健康の保持増進，社会・経済の活力の創造，我が国の国際的地位の向上等国民生活において多面にわたる役割を担うとされています。これを受け，平成24年に，スポーツ基本計画が策定されましたが，その基本方針として，次のことが述べられています。

> 　「スポーツを実際に『する人』だけではなく，トップレベルの競技大会やプロスポーツの観戦等スポーツを『観る人』，そして指導者やスポーツボランティアといった『支える（育てる）人』にも着目し，人々が生涯にわたってスポーツに親しむことができる環境を整えるものとする。」

　このような考え方は，学校体育の考え方にもつながっているといえ，東京書籍の中学校保健体育の教科書である『新編　新しい保健体育』の口絵にも「支える人」が取り上げられ，スポーツとの関わりをただ「する」ということだけでなく，幅広くとらえて考えるようになっています。すなわち，このような観点に立った生涯スポーツ者像はこれまでのそれとは大きく異なっているといえます。

　また，第1期スポーツ基本計画（平成24年度～平成28年度）では，基本政策を実現するための環境整備に重点が置かれていましたが，第2期スポーツ基本計画（平成29年度～平成33年度）では，中長期的なスポーツ政策の基本方針として，「(1) スポーツで『人生』が変わる！(2) スポーツで『社会』を変える！(3) スポーツで『世界』とつながる！(4) スポーツで『未来』を創る！」を掲げ，「スポーツ参画人口」を拡大し，「一億総スポーツ社会」の実現に取り組むこととしています。そして，「楽しさ」や「喜び」がスポーツの価値の中核であるとし，それに触れることを重視しています。すなわち，すべての国民がスポーツに親しむ，スポーツで新たな未来を創り出す上で，スポーツを「する」「みる」「ささえる」ことの「楽しさ」や「喜び」を重視しているということです。

　そして，施策目標には，「学校における体育活動を通じ，生涯にわたって豊かなスポーツライフを実現する資質・能力を育てると共に，放課後や地域における子供のスポーツ機会を充実する。その結果として，自主的にスポーツをする時間を持ちたいと思う中学生を80％（平成28

年度現在58.7％→80％）にすること，スポーツが『嫌い』・『やや嫌い』である中学生を半減（平成28年度現在16.4％→８％）すること，子供の体力水準を昭和60年頃の水準まで引き上げることを目指す。」と述べられています。

　体力水準を昭和60年頃の水準まで引き上げるという根拠は不明瞭であり，昭和60年頃の子ども達が今は40代ですが，子ども時代に現代の子ども達よりも体力が低かった現在の60代の人々よりも運動に親しんでいないどころか，20代や30代よりも運動実施率が低いという報告もあり，この目標が適切であるのかは疑わしく，むしろ不適切であると私は考えますが，プロセスを大切にして体育を学んでいき，結果として「スポーツをしたい」「スポーツが好き」といえる子どもを育成することには大いに賛成します。

　このように「する」「みる」「ささえる」スポーツとの多様なかかわりがありますが，どれにも共通してくるのは，「楽しさ」であるといえます。私は，水泳をすることが好きでした。夏に実施されることの多い水泳の学習では，プールに入るまでの「お預け」の時間が大嫌いでした。目の前に自分達を誘いかけるようにプールがあるのに，入るまでの長いプロセス……退屈であり，やる気がそがれるような楽しくない時間でした。一方で，練習を頑張った後に与えられる「自由時間」が楽しみでした。このような学びのプロセスを通して，楽しさを味わう為には，「我慢が必要」ということを学んできたように思います。しかし，これでは本質的な運動することの喜びには触れることができておらず，その入口で躓いている子ども達を救うことはできていないように思います。導入から，すべての子ども達が，身体を動かし，頭を動かし，運動の喜びにアクセスすることができることこそが，真の運動の準備ということになるのではないかと思います。

4）体育のカリキュラムの問題の所在

　長く教師をしていれば，一度や二度，「先生，こんなことやって何の意味があるの？」と問いかけられたことがあるのではないでしょうか？

　ある小学校の先生は，逆上がりを教えていた時に，このような質問をされて，「できないと上の学年になった時に困るから」と話したそうです。また，別の先生は，縄跳びを教えていた時に，同じような質問をされて「来年の運動会でやる演技で困るから」と話したそうです。このように「いま―ここ」の学びの世界を無視して，将来のせいにするようなことは少なくないように思います。「将来困るから……」という準備の為の教育として学びを価値づけることは，「いま―ここ」の運動にかかわる多様な学習者の姿を無視しているように感じます。すなわち，「将来のために」という，一見もっともらしい理由を盾にして学びの保証を将来の責任にしている現状がうかがえます。

　では，導入で「準備体操」をしていたとして，同じように「先生，こんなことやって何の意

味があるの？」と問われたら，皆さんなら何と回答しますか？

　きっと「準備体操をしないと怪我をするから……」「準備運動をしないと力を発揮できないから……」などというのではないでしょうか？　やはり，「いま─ここ」ではなく，将来の為の活動として準備体操を位置づけているように思います。確かに，「準備」というくらいですから，何かの為に行っているともいえます。ですから，それ故に，この書籍では「導入」という言葉を使っています。「準備運動→主運動→整理運動」の流れで考えるのではなく，１つの学びの総体として，「導入→展開→整理」のような流れで考えていく必要があると思います。

すなわち，深い学びを展開する為の入口をどのように組織すればよいのかという問題です。したがって，準備体操・準備運動が終わってから，今日の学習と考えるのではなく，授業のスタートから今日の中核的内容の学習に入るという発想でいくべきであると思います。

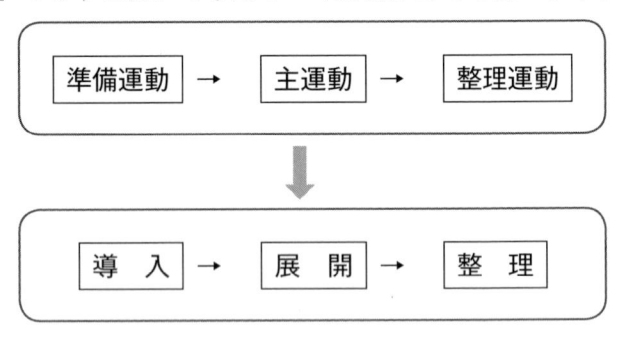

　私は，小学校で９年間教鞭をとっていましたが，社会科や算数，理科など他教科では，導入に最も教材研究の時間を割いてきたように思います。最初で授業は決まっていくとさえいってよいと思います。体育の授業は，伝統的な殻をなかなか破れず，私はそのような状況を「ガラパゴス化する体育」などと表現をしてきましたが，それを打破できなかった原因は，儀礼的に実施されていた準備体操・準備運動ではないかと思うのです。体育の導入を変化させていくことが，体育全体のカリキュラムの見直しにつながり，他教科との学びの深いつながりを生んでいくことになると考えます。

　したがって，「いま─ここ」で，運動の楽しさ・喜びを味わう入口として，導入部をとらえていく必要があると思います。学びの積み重ね型の教育の大前提は，ある種，いつでもどこでも同じような導入をしてスタートする認識からつながっているようにも思います。すなわち，導入部を変えようとするということは，カリキュラムの考え方そのものを動かしていくのではないかと思うのです。結局，「楽しさ」や「喜び」を中核に据えた体育を実現するためには，子ども達の主体性が保障され，じっくりと自分たちで意思決定しながら，学びに没入していくことを可能にする遊びの場の実現が重要であるといえます。そんな遊びの場で子ども達が創り上げている「きっかけ」から学び，一人ひとりが主体的に学び，仲間と共に豊かにかかわりながら，自分の身体へ気づき，これから続く学びのストーリーをより深遠なものにしていくことのできる導入が，よりよい体育カリキュラムの創造につながっていくと考えます。

5）まとめ

　本節のタイトルを見て，「導入」と「体育のカリキュラム」がなぜ結びつくのか，イメージできなかった読者も多いと思います。しかし，それくらい私たちは幼少期から，「準備体操・準備運動」を当たり前のこととして，無批判に受け入れてきた歴史があります。そして，それを体育イメージの中に重ねあわせ，体育に対する認識を形成してきました。時代が変化し，体育に求められることが変化しても活動の仕方だけが変わり，学びの本質になかなか変化が見られないのは，「準備体操・準備運動」に対する考え方に影響をされる体育の授業づくりにあったのではないかと思うのです。本書が，授業の導入部に注目をし，その実践をこのように提供している背景には，体育改革に対する強い思いがあるからです。「導入が変わることで体育は変わる」，「体育が変わる為には導入が変わらなければならない」，そのような強い思いを抱いております。だからこそ，「いま―ここ」を大切にした導入を具体化していかなければならないと思うのです。

　「いま―ここ」を大切にする導入とは，将来の為の準備体操・準備運動とは異なり，「いま―ここ」にある自分が身体を投企し，そこで「楽しさ」や「喜び」を享受する中で，活動に意味づけて，学びを展開していくような学びです。これまでの準備教育的な活動の中では，取り組まなければならない活動が並べられ，それらを経験することで，活動したとみなされ，意味づけられることもありませんでした。これからの体育の導入では，展開部でより深く運動する楽しさや喜びに触れる為に，やさしい探究的活動の中で，自らの身体感覚を感じ，他者と共に協働し，問題解決をしていくことを求めていかなければならないと思います。

　授業中に子どもが怪我をしてしまった時，準備体操・準備運動をしておくことで，教師の責任が問われないようにしているという側面もあると思います。もちろん，導入ですので，いきなり負荷の高い運動をすることを推奨しているわけではありません。導入の内容を準備運動に代わるものとして，怪我の予防として実施していることは伝えていく必要があります。したがって，学校だよりや体育だより，学級通信などを活用し，保護者にその内容を丁寧に説明し，合意をしていく必要があります。その為の科学的根拠をこの書籍では示しています。本書の内容なども引用しながら，家庭・地域への発信にも心掛けて頂きたいと思います。

　そのようにして創られていく学びは，地域社会と共にあるものへと変貌し，学校という厚い壁を破っていくことにもつながります。体育改革，もっと言えば，学校改革につながるのが，体育の導入部の改革なのです。そうすることで，中高では生徒指導も抑えつける指導から寄り添う指導へと変わっていくことが期待できます。

　体育の導入部の改革は，ちょっとしたことのように思えるかもしれませんが，実は物凄く大きなエネルギーをもつ力となっていくと思います。第2章の具体的な実践事例を読み進めながら，皆さん自身の実践の見直しを進めてみて下さい。

（鈴木　直樹）

5 導入が体育の指導マインドを変える！

1）新たな導入との出会い―出だしの5分間，子どもの目を見て！―

「食い込む授業を！　子どもの目を見て，子どもを流れに乗せる。事前の指導案は流しながら軽重をつけよ。すべては子どもの変化に対応する柔軟な教師のコントロールだ。特に，出だしの5分間，子どもの目を見て！」

これは，2006年5月30日の朝，恩師の川口啓先生から頂いたメールです。

拝読したのは，私が愛知教育大学附属名古屋小学校に赴任して，初めての公開授業をあと3時間後に控えた当日の朝でした。今でも，この朝と同じような，爽やかな皐月の風を感じると，なぜか緊張します。私は，このメールをプリントアウトして，時間まで何度も読み返しました。そして，小さく丁寧に折りたたみ，左のポケットに入れて，授業のチャイムを待ちました。「出だしの5分間，子どもの目を見て！」をお守りにして。

授業は小学校2年生のボール投げゲームでした。

出だしの5分間に選んだのは，「赤白玉投げゲーム」です。後に，子ども達は「少ない方が勝ちだよゲーム」と命名しました。行い方は，①1人2個の赤白玉（運動会の玉入れ用）を持ち，体育館の中央線を境目として，赤組と白組に分かれます。②ゲーム開始の合図で赤白玉を投げます。自コートから出ないで，終了の合図まで飛んできた赤白玉をどんどん投げ返します。③制限時間内で自コートに赤白玉の数が少ない方が勝ちとなります。

事前計画では，1班から5班までが白組，6班から10班までは赤組でした。しかし，5班の先頭にいたヒロシと，7班の2列目のヨウタと目が合いました。授業前，大喧嘩していたヒロシとヨウタが皆に治められ仲直りしたばかりでした。私は，今回は2人が同じチームの方がいいなと感じ，「1・3・5・7・9班は白組。2・4・6・8・10班は赤組」と伝え，それぞれの陣地へ移動する指示を出しました。子ども達は赤白帽子を確認して，一斉に駆け足で陣地へ移動しました。ヒロシとヨウタがスキップしながら身体を寄せて，コートに入った時には肩を組んでいました。

私は全員が体育館の中央線を挟んで赤組と白組で位置についたことを確認しました。そして，大きな声で「白組，勝つぞ！」と言います。すると，ヒロシとヨウタ達白組は腕を上げながら大きな声で「オー」と返します。今度は「赤組，勝つぞ！」と私が促すと，赤組も白組に負けまいと士気を上げます。ここまで1分です。

「よーい！……」と私が伝えると，思わず投げてしまう子ども達。会場にいらして頂いたご参会の先生や保護者の方々の笑顔がこぼれます。子ども達は急いで投げてしまった赤白玉を取りに行きます。その様子をみた私は「子ども達も緊張しているんだな」，「子どもと一緒に授業をすることを忘れていたな」，そう思うと，次第に，緊張が和らいでいきました。「OK！

OK！ フライングは，やる気の現れ!!」と，私もテンションを上げていきます。

　全員が位置に着いたことを確認しようとした時，私は，子ども達がそれぞれに肩を回したり，ねらいを定めたり，何か友達と相談したりと対戦モードになっていることに気づきました。いや，これまでもそうだったかもしれません。それに気づいていなかっただけかもしれません。子ども達は，先ほどよりも明らかに集中していることがわかりました。私は，子どもの本気に圧倒されそうになりましたが，さらに子ども達とゲームへ没頭するモードへ入り込みたいと考え，「よーい」のいい方を少しだけ変えました。低い声で響くように言ったのです。子ども達の集中力がぐっと増すことを期待して。そう，「すべては子どもの変化に対応する柔軟な教師のコントロールだ」と，左のポケットに手を当てながら。

　ゲーム開始の合図で，一斉に，私の頭上に赤白玉が飛び交います。制限時間は1分。

　遠くへ投げた方が相手は返球がしづらいと考えたヨウタは身体全体を使って遠くへ投げようとしています。私はデジタルタイマーを確認して「30秒経過！」と伝えます。ヒロシはすぐに投げることが大切だと前時のカードに書いていましたから，やはり半身になり急いで投げ込んでいます。「あと，10秒，9，8，7……，3・2・1，そこまで！」と私。

　その合図と共に，子ども達は1人2個，自コートにある赤白玉を拾い，中央線を挟んで向かい合って整列します。数を子どもと一緒に確認します。そして，結果発表。「ただいまの結果，赤！」，ヒロシもヨウタも拍手をしていました。「もとの場所に集まれ！」と指示して，整列をします。ここまでで，3分20秒。

　ヨウタは悔し涙をこらえていました。私は「赤は白がいたから一生懸命できたし，白は赤のおかげで頑張ろうと本気だったね」と子ども達に話しました。ヨウタはぐっと歯を食いしばっていました。それを笑う友達は一人もいません。7時間扱いの3時間目。1・2時間目のゲームを通して，全員が勝ったり負けたりを繰り返していました。それだからなのか，私は，ヨウタの悔しさを全員が支えているように思いました。ヒロシは斜め後ろを振り返り，ヨウタを心配そうに見つめていました。私は，学級開きで話した「こつこつカッこつ（こつこつやることが，相手に勝ったり弱い自分に克ったりするコツ）」の言葉を取り出して，「今日も，ゲームからいっぱい学んでいこうね。だって『こつこつカッこつ』なんだから。一人じゃないよ，大丈夫。みんなで『こつ』を見つけて，悔し涙をうれし涙に変えようよ」と話していました。当時を振り返ると，予定にはないことを話している自分に，正直，驚きました。今思うと，どうして，そんなことを言ったのか，わかりません。何しろ，予定にはありませんでしたから。それでも，ゲームに没頭して，夢中になって勝ち負けにこだわり，その中でゲームから学ぶことを期待していたと思っていたことだけは覚えています。ここまでで4分43秒。およそ5分です。

2）新たな導入が「準備体操」を問う―「再生産」と「エポケー」―

　私は，この新たな導入と出会う前は，何も疑わず，膝の屈伸をはじめとした準備「体操」を子どもに強いていました。しかし，この「体操」という言葉は，体育の歴史をたどると，明治5年の「体操」に行き着きます。「準備<u>体操</u>」以外にも，「<u>体操</u>座り」，「<u>体操</u>服」があります。しかし，現在は「体育」が教科名ですので，「体育座り」や「体育服」にしてもよいはずですが，「体操」が使われることが少なくありません。それは，なぜでしょうか。

　私たちは，受けてきた教育をあまり深く考えずに，それが当たり前だと思い込み，知らず知らずに次の世代に伝えてしまっているかもしれません。いわば，「再生産」です。「体操」という言葉もしかりです。使用する言葉は，概念を形成する上ではとても重要な役目を担います。そのため，単なる言葉遊びという軽い問題ではないと考えます。

　そこで，そもそも，「準備体操」って，何のためにあるのかと考えることが大切になります。これは，思い込みを始めてしまう前に，一旦，立ち止まって，思い入れをせず，考えてみる態度であり，「エポケー」といわれます。「エポケー」は，「再生産」を許すのか，それとも，許さないのかの判断をしていくスタートラインに立つことになります。もちろん，「あるがまま」を見ているつもりでも，何かしらのフレームから，その世界をみているということがあります。だからこそ，「再生産」と「エポケー」は，「準備体操」の再考には必要なアイテムになります。

　では，どのようにして再考していったのか。次の3つにまとめることができます。

（1）公園や休み時間に遊ぶ子ども達

　まず，「準備体操」を再考するきっかけになったのは，「公園で遊ぶ子ども達や休み時間に戸外遊びをする子ども達は準備体操をしない。それでも怪我が少ない」ということを思ったことです。通常，授業と授業の間の休み時間は，5～10分程度の時間です。それでも，子ども達はサッカーをやった，鬼ごっこをやったと満足して帰ってきます。10分程度でチーム分けして，ルールも確認して，参加メンバーも毎回違っても，そうした行い方を円滑に進め，きちんと遊んでくるのです。授業の導入のヒントが休み時間にありそうだと考えたとき，そもそも準備体操が必要かと思い，再考する契機となりました。

（2）「すいかは真ん中から食べる」という真意

　次に，「出だしの5分間」という考えは，学生時代に受講した有田和正先生の講義での一言が心に残っていたことにも行き着きます。それは「すいかは真ん中から食べる」という言葉です。初めての公開授業以来，毎年，季節のお手紙を有田和正先生にお送りさせて頂いております

した。私が愛知教育大学へ赴任が決まったときにも，お手紙を送らせて頂きました。数日してから，奥様からのお返事を頂きました。今も大切にとってあります。有田先生のお考えは，私の「準備体操から準備運動，さらには導入へ」という考え方の大転換の必要性を，説いてくださっているのではないかと思い

ます。

　一旦，立ち止まって，思い込みから脱して，「準備体操」をみること。これは，無自覚であったことを自覚して，再生産について再考することになります。「出だしの５分間」は，教師が教えたい順番ではなく，子どもの気持ちや思考の流れの中に着目した考えです。これから始まる物語のイントロとなると考えます。

（3）おにぎりの具から考える

　最後に，おにぎりの商品名は何で決まるか，ということを思ったことです。例えば，商品名「梅干し」のおにぎりは，具が「梅干し」です。体育授業もしかりです。「体育授業」の単元名も具で決まります。具とはすなわち，学ぶ内容です。

　例えば，「前転」の学ぶ内容は回転です。回転とは，基底面から基底面に180度回ることです。その際，頭と腰が逆転すれば逆さ姿勢を培うことになります。180度に満たない場合は，回転ではなく振動ととらえることができます。

　その「前転」の授業を，私は初任校の３年２組の授業参観で行いました。大失敗でした。

　この授業では，授業の開始10分にあまり考えもなく「カエルの足打ち」を採用しました。両腕で支持し，上げた両足の内側で何回たたけるかという課題です。１回，２回と徐々に数を増やす子ども達。何度も何度も試行していました。私も「上手！」「おしい！」と伝えて盛り上げようとしました。「先生！　３回できた！」と伝えにくる子どももいました。10分経って，私が「はい！　やめ。次は前転！」と子ども達に伝えました。すると，背中をマットに打ちつける子どもが続出してしまいました。その後の職員室で，どうしたらいいのかを悩んでいました。

　改善策の鍵は，おにぎりの具にありました。前転は，あごを下げることで，背中が丸まり，回転のアクセルとなる動きが中核となります。つまり，回転グループのおにぎりの具は「あご下げによる回転アクセル」です。一方，カエルの足打ちは，あごを上げることで，背中が伸び，回転のブレーキとなる動きが中核です。これは倒立グループであり，そのおにぎりの具は「あご上げによる回転ブレーキ」です。

　子ども達が背中をマットに打ちつけてしまったのは，授業開始10分では倒立グループのおにぎりの具であり，その後は回転グループのおにぎりの具となっていたことにありました。つまり，学ぶ内容に整合性が保たれていなかったということです。改善策は，例えば，「カエルの足打ち」を，背中を丸めて振動する「ゆりかご」に変えることが考えられます。

　この苦い経験から，おにぎりの具の大切さを痛感しました。特に，子ども達にとっての授業開始10分は，その後の動きに与える影響も大きいということを学びました。授業の導入を決めるということは，授業づくり，単元づくりを決めるということになります。この苦い経験からの学びは，冒頭の授業へとつながり，「出だしの５分間」の大切さに至っています。

3）導入はどんな時間なのか？―PDCA サイクルと OODA ループ―

「出だしの 5 分間，子どもの目を見て！」という新たな導入を初めて意識した授業から12年が経ちます。再考すべき点もたくさんあります。それでも，「準備体操から準備運動，さらには導入へ」という考え方は，大きな転換点でした。そして，それだけには留まりません。「子どもの目を見る」ということを大切にする気づきです。私は，これまで「学習指導案」をみて体育授業をしていました。計画を遂行することが体育授業で大切なことだと思っていたのです。しかし，「出だしの 5 分間，子どもの目を見て！」は，「計画」通りではなく，「目的」通りの授業を目指すことにもなりました。

もちろん，学習指導案を立案することはとても大切なことです。それは，「計画」は，単元の目標や内容，授業を構想する上で必要とされる準備等がわかり，行き当たりばったりの授業を慎み，意図的な教育活動の展開を可能にするからです。そこに「PDCA サイクル」が本領を発揮します。Plan（計画）・Do（実行）・Check（評価）・Action（改善）を繰り返すことによって，生産や品質の管理業務を継続的に行うものです。体育授業のみならず，教育現場でも会社においても，「PDCA サイクル」はさまざまな組織に使用されています。状況を想定した計画がサイクルの中核ですので，常に計画の遂行が重視されます。

ところが，困ったことに体育授業は想定外のことが起こります。先の 2 年生ボール投げゲームの「出だしの 5 分間」においても，たくさんの想定外の状況に直面することになっています。その状況に直面した場合は，すでに当てはまらない計画の実行は致命的になります。そのため，授業の現場で問題を発見して対処するためには，現場の判断を尊重して行動する必要があります。ここに登場するのが「OODA（ウーダ）ループ」です。宇宙飛行士のチームづくりにも採用されています。「OODA ループ」は，計画が起点となり計画にしたがうことに集中する「PDCA サイクル」とは異なります。Observe（観察）・Orient（状勢判断）・Decide（決定）・Act（行動）のループを繰り返すことで，想定外の状況に対応しようとするものです。

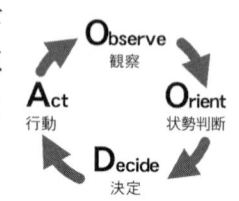

「事前の指導案は流しながら軽重をつけよ。すべては子どもの変化に対応する柔軟な教師のコントロールだ。特に，出だしの 5 分間，子どもの目を見て！」のメッセージには，この「OODA ループ」の必要性が説かれています。つまり，「出だしの 5 分間」は，まずは，子どもの目を見ること，つまり「Observe（観察）」からはじまります。医者が医療を施す前に，問診等をするのと同じです。次に，子どもの学びの今の「Orient（状勢判断）」に迫ります。そして，それに基づく「Decide（決定）・Act（行動）」を展開していきます。この一連が「すべては子どもの変化に対応する柔軟な教師のコントロールだ」ということの具体です。

「OODA ループ」は，子ども達の学びのプロセスといえます。子ども達にとっての体育授業もまた想定外の出来事に直面するからです。だからこそ，「出だしの 5 分間」において，子ど

も達が「Observe（観察）・Orient（状勢判断）・Decide（決定）・Act（行動）」のループを安心して回し始めるようにすることも必要だと考えます。さらに、そのループは、その後、1単位時間あるいは単元のまとまりの中で、何回も繰り返すことで、学びを深めていくと考えたとき、やはり「子どもの目を見る」ということはとても大切になります。

4）まとめ―導入が体育の指導マインドを変える―

　明日、山登りをします。前日の準備、限られたリュックサックの中に何を入れますか？

　入れる物は、当然、山登りに関連する物です。目的地は海ではありませんから、おそらく浮き輪は入れません。準備といったときには、山登りのあらゆることを考えて、必要な物を入れていきますが、限られた大きさのリュックサックですから、無理なく・精選します。そして、最も大切なことは、その準備は、山登りする本人がする、ということです。準備をしながら、山登りへの不安を安心に変えて、心から楽しめるような気持ちになることです。

　山登りを体育の学びと言い換えてみます。

　今から、体育の学びを始めます。限られた時間の中で、何をしますか？

　それは、体育の学びに関連するものです。単元目標に関係ないものではありません。準備といったときには、体育の学びのあらゆることを考えて、無理なく・精選します。そして、体育において最も大切なことは、その準備を体育の学びにかかわる子どもと教師がするということです。準備をしながら、体育の学びへの不安を安心に変えて、心から楽しめるような気持ちになるということです。

　不安を安心に変える、それができるのは、授業の内側から見える「導入」です。

　子どもの学びは熱気球です。重りを外していけば、自ずと空高く上昇するものです。「重り」とは「不安」です。従来、疑わなかった準備体操を再考し、「導入」という発想に立つことは、子ども達の「不安」をいかに取り除くかという指導マインドに集中することになります。その実現には、「活動」から「内容」へとシフトチェンジを図る必要性が求められます。そして、「導入」は、単なる授業開始5分に留まらず、次なる「展開」へとつながることを教えてくれます。つながりとは、身体の対話、仲間との対話、内容との対話から生まれるのです。そのため、「導入」の役目は、次の「展開」で終わりかと言えば、そうではありません。なぜなら、「導入」は学びの原動力であり、「導入」が学びを方向付けるからです。つまり、生涯に渡って運動に親しむことへの「導入」でもあるのです。

　このように考えると、「導入」は、授業の開始5分に留まりません。もちろん、授業開始の5分は、ほんの一瞬かもしれません。しかし、子ども達の学び、そして私たちの教師の学びにとっては、永遠に輝き続ける一瞬にもなります。「導入」はその永遠へと続く一瞬を大切にする指導マインドを応援してくれると思います。

【参考文献】山口孝夫（2018）『宇宙飛行士だけが知っている最強のチームのつくり方』大和書房　　　（鈴木　一成）

1 体育・保健体育を大改革するための導入のアイデア

1）はじめに

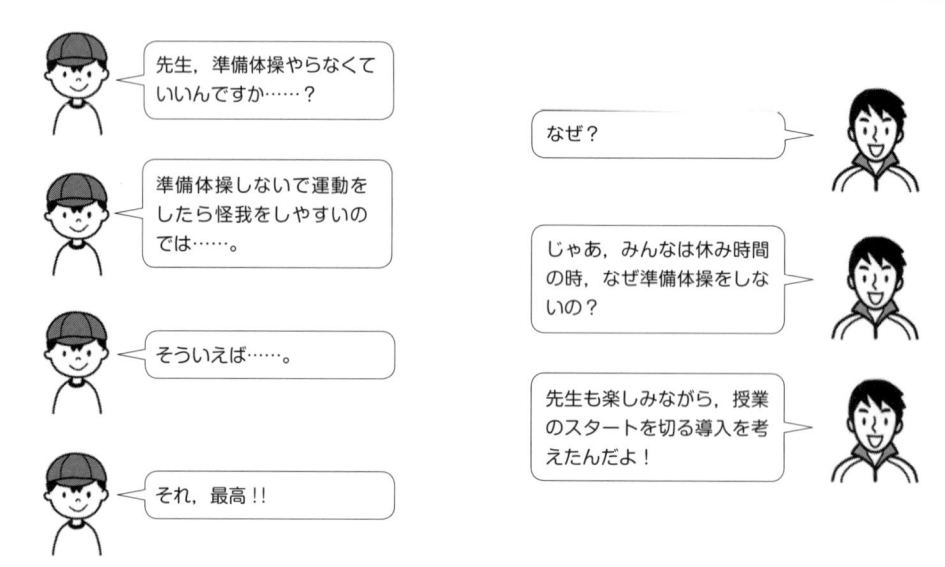

先生，準備体操やらなくていいんですか……？

なぜ？

準備体操しないで運動をしたら怪我をしやすいのでは……。

じゃあ，みんなは休み時間の時，なぜ準備体操をしないの？

そういえば……。

先生も楽しみながら，授業のスタートを切る導入を考えたんだよ！

それ，最高!!

　これは，授業の導入で，「1・2・3・4……」と大きな掛け声をかけて準備体操をしてきた教師が，授業改革として導入の仕方を変化させた時に，実際にあった子どもとのやりとりです。このやりとりに見出されるように，子ども達は，エキサイティングな導入を大歓迎していました。本書は，このようなエキサイティングで，主運動につながる導入を運動領域毎に紹介しています。導入の系統性を理解して頂く為に，小学校低学年，小学校中学年，小学校高学年，中学校の4つの発達段階に区切り，それぞれの具体的事例を掲載しています（武道は中学校のみ）。どれもが魅力的な実践ですが，これらの実践事例を見て頂く上で，導入を改革する上で活用されているアイデアを整理し，どのような実践が紹介されているかを概観しておきたいと思います。

2）授業開始後，すぐに活動がスタートする導入へ！

　授業の導入というとストレッチングやラジオ体操がすぐに頭に浮かびます。しかし，導入で大切なのは，ウォーミングアップとして体を温めていくことだと思います。本書の実践例では，授業開始から速やかに活動に移る工夫がなされています。ただ，心拍数が170拍を超えるような高強度の運動ではなく，中等度の運動強度で楽しく活動できるような内容になっています。

　例えば，水泳の小学校高学年の実践では，シャワーを浴びた人からプールに入っていますが，低学年プールのように浅い場所をゆっくり歩くことからスタートしています。このようにすることで，身体への負荷を軽減しながら，水に入る準備をしています。実際，水の中で少しスピ

ードが上がると水しぶきがかかり，身体に自然に水がかかるようになり，水慣れにもなり，無理なくやさしく水とかかわりをスタートさせることができています。また，小学校高学年のボール運動の導入や中学校の球技の導入では，学習の場に来た子どもから前時までの学習を活用して活動をスタートさせています。導入では，集合，挨拶から準備運動といった流れが一般的でしたが，このように活動してから集合することによって，より活動的な導入を実現している実践もあります。さらに，米国から提供して頂いた小学校中学年の体つくり運動の実践では，ホワイトボードに活動内容を示しておき，体育館に入ったら，その内容を見て活動をスタートさせています。今回の実践事例には掲載してありませんでしたが，タブレットにグループ毎に必要な導入の活動を動画で入れておき，それを見ながらグループ毎に進めるような導入もありました。授業の導入場面で「待つ」ということはよくあったと思いますが，本書で紹介している実践は，「動く」が基本です。楽しく動いて，授業をスタートさせるそんな実践事例が紹介されています。

3）運動感覚を大切にした導入へ！

　本書で紹介する実践の多くが，運動感覚を大切にしています。主運動で使う動きの基本となる運動感覚を重視し，それを楽しく経験するような導入にしています。例えば，小学校低学年の体つくり運動あそびの実践では，さまざまなリズムでスキップやケンケンをして活動しています。そこで，経験したリズムやタイミングなどの運動感覚を使い，主運動では，長縄で活動することにつなげています。また，小学校高学年の器械運動では，回転系の動きと倒立系の動きの運動感覚になる経験を，やさしい「ゆりかご」や「かえるの足打ち」を使って味わっています。この時，ただ，繰り返して反復練習をするのではなく，動き独特のおもしろい運動感覚を味わうことができるように活動と教師の働きかけを工夫しているところがポイントです。さらに，中学校の陸上競技の実践では，パシュートランとして仲間と創り出すリズムや距離感の「ちょうどよい」感じを大切にしています。このように仲間と共に創り出す運動する感覚を味わう経験は，集団で楽しむ喜びを味わうことにもつながっています。加えて，小学校高学年の水泳運動の導入では，水の中で経験する運動感覚を陸上で経験しておくことで，場所の違いによって生じる運動感覚の違いに注目をしています。このような活動によって，陸上とは違う動きの感覚を水の中で味わい，水の中での運動の特性をより深く味わい，その魅力に触れることができています。このように，本書の実践では，運動感覚を大切にしています。導入で味わう運動感覚が，主運動での活動をより充実したものにする実践事例が数多く紹介されています。

4）音楽や音を利用した導入へ！

　2006年，その年に米国で小学校体育の National Teacher of the Year を受賞した Meg Greiner 先生の授業を参観する機会を得ました。全米 No.1の小学校体育教師の授業がみられる

ということで，とてもワクワクして学校を訪問しました。Greiner 先生はとてもエネルギッシュな方でしたが，私がその時にもった印象は，「音楽の魔術師」というような感じでした。というのも，授業の中で，変幻自在に，リモコンで音楽を選曲していくのです。激しい運動の時には，テンポの速い音楽，クールダウンしている時には，落ち着いた静かな音楽というように，場面で音楽を使い分けていました。子ども達の動きも，その音楽にあわせるかのように変化し，そして活動に動機づけられているような感じがしました。音楽は，運動と調和すると感じた瞬間でもありました。

　小学校の中学年の表現運動の導入では，音楽にあわせて踊る実践が紹介されています。このように表現系の導入で，音楽を使うことは比較的これまでもあったように思います。しかし，本書では，他の運動領域でも積極的に音楽を利用しています。例えば，中学校の器械運動，小学校中学年の水泳運動の導入では，シンクロを導入し，音楽にあわせて仲間と共に動く楽しさを味わう活動があります。また，小学校低学年の体つくりの運動遊びでは，タンバリンのリズムにあわせて動き，小学校高学年の体つくり運動では，歌を歌いながら動き，小学校高学年陸上運動では，音楽にあわせてリズム走をし，小学校低学年の水遊びでは，音楽にのって水の中を動くといったように，リズムにあわせて体を動かす実践もあります。このように，導入で音楽を活用することで，雰囲気をつくり，体を動かす準備をする実践事例が，数多く紹介されています。

5）心と体を一体とした導入へ！

　小学校中学年のベースボール型の導入では，「だるまさんが転んだ」や「六むし」が紹介されています。ボールゲームの学習の導入で，なぜ，伝承遊びなのかと思われる読者もいるのではないかと思います。しかし，これがまさに心と体を一体としてとらえた導入の典型例であるように思います。

　「心と体を一体として」という文言は，平成10年に改訂された学習指導要領以降，使用されています。平成10年の学習指導要領では，運動領域と保健領域の密接な関連が強調され，体ほぐしの運動が導入されたことで，それらが「心と体を一体として」を直接的に反映しているように思われますが，私は，この文言が，学びそのものを表していると考えています。すなわち，心と体を一体とした状況で体育の学びに向かうということです。このように心と体が一体となっている状況は，意識と行為が合一となっている状況であり，それは，夢中になっている状況ともいえると思います。このような考えに立って，「だるまさんが転んだ」を解釈すれば，「鬼が『だるまさんがころんだ』と言っている間に目標とした場所まで動くことができるかできないかを遊んでいる」といえ，「六むし」は，「ボールを投げ合っているスキを見つけて，タッチされないように（ボールをぶつけられないように），目的地まで移動することを遊んでいる」といえます。したがって，これは「ボールを投げたり，打ったりしてフィールドに運び，そのボールがベースに到着するのが早いか，ランナーがベースに到着するのが早いかを遊んでい

る」ベースボール型のゲームと同じ構造での活動になっているということです。他にも小学校低学年の走・跳の運動遊びの導入では，しっぽを落とさないように走ることで，どうやったら速く走れるかを考え，走る技能を発揮しようとしています。ここでは，説明しやすい事例を取り上げて記述をしましたが，本書に掲載されている実践は，主運動と導入で夢中になって活動している構造が同じように構成されています。

6）子どもが意思決定できる導入へ！

導入は，いつも同じ活動で，教師や体育係などの指示にしたがって，実施されることが少なくなかったように思います。そのような活動には，子ども自身が意思決定するような場面はほとんどなかったといってもよいと思います。しかし，本書で紹介している実践では，子ども自身も意思決定する存在であることを大切にしています。例えば，小学校中学年の体つくり運動の実践では，フレンズボールキャッチが行われていますが，二人組からスタートし，仲間を増やして遊び方を工夫できるようにしています。小学校高学年の体つくり運動でも，縄の跳び方を自分達の技能にあわせて工夫することができるようになっています。また，小学校低学年のマット運動遊びでは，仲間と共に遊び方を工夫できるようになっており，小学校中学年の器械運動では，「いっぱいやってみたい」と思う運動を自分で選択して取り組むことになっています。小学校低学年の水遊びでは，「パッ」を創って仲間と共に工夫して遊んでいます。小学校低学年の表現あそびでは，「○○の音」を自分達で表現して遊んでいます。一方，活動を自分達で決める意思決定だけでなく，ボール運動，球技の導入では，戦術的な意思決定を必要とする活動で構成されています。このように，導入で，子どもが意思決定をして活動を工夫したり，意思決定を繰り返して動いたりする実践事例が数多く紹介されています。

7）まとめ

以上，本書の導入のアイデアを整理してきました。ここでとりあげたアイデアだけでなく，それぞれの運動領域特有の学びの内容を意識した導入になっていることも本書の特徴です。すなわち，いつも「同じ活動からスタート」するのではなく，「単元に相応しい活動からスタート」するという考え方に立った導入であるということです。同じことをやっていた方が，授業実践の負担が少ないという考え方もあるのかもしれません。しかし，ここで取り上げた導入は決して特別なものではありません。なぜなら，主運動をよりよくするために，どのようなきっかけをつくればよいかを考えるので，ここで紹介したアイデアをベースにしながら，主運動の学習内容を明確にとらえていけば，そんなに難しいことではないと思います。

（鈴木　直樹）

2　体育・保健体育を大改革するための導入の活用アイデア

1）はじめに

　本書にある事例はどれも魅力的な実践です。これらの「実践事例たち」は，体育・保健体育を大改革するための導入が「ある」のだ，という単なる自己紹介には留まりたくないと思っています。本書の「実践事例たち」は，お読み頂く方々のイマジネーションの世界に飛び込みたいと思っています。なぜなら，体育・保健体育を大改革するための導入について，読者の皆さんのインスピレーションに働きかけ，新たな導入と「なる」，新たな仲間となる「実践事例たち」の登場を待ち望んでいるからです。

　本書の「実践事例たち」は，「主体性を引き出す為のデザイン」「対話のデザイン」「単元の計画」「活動の実際」で整理されています。それぞれの項目に書かれた導入アイデアが，読者の皆さんの頭の中，心の中で動き出し，新たな導入となるビック・アイデアとなることを願って，本書の「実践事例たち」を，どのように活用したらよいのかについてみていきたいと思います。

2）運動世界への入場券—「主体性を引き出す為のデザイン」の活用アイデアー

　子ども達が，自分達の運動世界へ入って思い切り学ぶためには，「入場券」が必要です。テーマパークへ入って思い切り遊ぶためには「入場券」が必要なのと同じです。本書の「実践事例たち」は，子ども達一人ひとりにその「入場券」を配布しています。

　その「入場券」とは，全員が参加できるための知識と技能です。「ちょっと言ってすぐできる・ちょっとやってすぐわかる」が合言葉です。

　具体的には，低学年のゲームの「鬼ごっこ」，中学年のゲームの「だるまさんが転んだ＆六むし」，高学年の体つくり運動の「郵便屋さん」は，シンプルな運動であると同時に，幼児期でも伝承遊びとして，大変なじみのある運動となっています。そして，「これだったら簡単！」「やれそう！」「やってみたい！」という気持ちスイッチをオンにする導入アイデアがあります。どれも，長い説明は不要です。「すぐに活動」に入ります。例えば，小学校低学年の水遊びでは，「シャワーを終えた人から，曲のリズムにのって，列車の動きで小プールへ出発！」します。他の導入においても，「ちょっと言ってすぐできる・ちょっとやってすぐわかる」という仕掛けがあります。

　とりわけ，新しい運動の際には，少なからず説明が必要だと思われがちです。しかし，公園で遊ぶ子ども達は「ちょっと言ってすぐできる・ちょっとやってすぐわかる」というアプローチを採用しています。つまり，長い説明を受けた後にやっと遊びに入るのではなく，すぐに輪の中に入り，遊びはじめます。そして，遊びの中で必要なルールや約束事を学んでいきます。本書の導入は，これと同じで，「ちょっと言ってすぐできる・ちょっとやってすぐわかる」を

採用して，全員が運動世界への入場を果たしています。

　なお，どうしても説明が必要な場合は，次の３点をおさえておきます。①得点（どうなると得点か・どうなるとセーフか・どうなると OK か），②スタート・リスタート（どのようにしてはじめるか・再開するか），③プレイの制限（例えば，ワンバウンドかキャッチしてもよいなど）です。これら３点をおさえることは，「すぐに活動」を実現する活用アイデアとなります。

　主運動で使う動きの基本となる運動感覚を重視し，それを楽しく経験するような導入となれば，それはまさに，運動世界への「プレミアチケット」になります。「プレミアチケット」になる視点は，「主体性を引き出す為のデザイン」にあります。「走運動への抵抗感を軽くすること」や「恐怖心を少なくした場で安心して活動できること」などはその一例です。

3）チーム実践事例―「対話のデザイン」の活用アイデア―

（1）「身体」と「内容」における活用アイデア

　「実践事例たち」は系統ある仕立てになっています。これは，当該学年に特化させようとするものではありません。小学校低学年から中学校までの各領域内でトップバッターとなるそれぞれの導入が系統をもっているということは，仮に当該学年で過度な不安や心配を抱えている子ども達への導入を考えた場合，当該学年の前段階の導入を積極的に活用することができます。このことは，子ども達の学びへの不安や心配に寄り添うことになります。

　また，小中学校期の子ども達の身体は，発育発達が著しく，自分自身の意思とは無関係に成長していきます。そういう意味では毎日が，昨日と全く違う身体とつきあって運動しているといえます。身体の内外で成長著しい「いま―ここ」の自分の身体から得られる運動情報は，毎回が新鮮だといえます。そのため，体育・保健体育の授業における導入こそ，「いま―ここ」の自分の身体と向き合って運動感覚を楽しむ時間が特に必要となってきます。

　こうした実情をふまえれば，もしも，各学年の各領域の単独の導入で不安な場合は，系統をもつ実践事例との関連から力を借りることができます。本書の「実践事例たち」は，それぞれに領域のチームをもっています。チーム実践事例で，読者の皆さんのオーダーに応えようとすることもできます。

　例えば，小学校高学年の器械運動では「ゆりかご」と「かえるの足打ち」が登場します。「ゆりかご」は，あごを下げて背骨を丸めることで，「クルン」という回る運動感覚を楽しむことができます。車で例えればアクセルです。一方，「かえるの足打ち」は，あごを上げ背骨を伸ばすことで，「ピタッ」という止まる運動感覚を楽しむことができます。車で例えればブレーキです。「クルン」の回転アクセルと「ピタッ」の回転ブレーキの運動感覚は，器械運動系にあるたくさんの技を２種類の運動感覚で整理することできます。また，「ゆりかご・かえるの足打ち」の導入は，他学年のマット運動の導入にも活用が期待できます。具体的には，「ゆりかご」は，マット運動の回転系の背中をマットに接して回転する技のみならず，跳び箱運動

の台上前転にもつながります。つまり，回転する技の導入として，小学校高学年以外の学年においても，活用可能ということです。一方，「かえるの足打ち」は，マット運動の巧技系の倒立する技につながります。さらに，「かえるの足打ち」は，着地・着手の位置を左右にふっていけば，横跳び越しとなり，引いては側方倒立回転にもつながっていきます。こちらもまた，小学校高学年以外においても，活用可能となります。

　ここまで器械運動系の実践事例の活用アイデアについて進めてまいりましたが，他領域でも同じです。例えば，本書の陸上系につきましては，走は疾走とリズム走の2種類に分けることができます。そのため，走の学びにおける導入の活用アイデアは，疾走とリズム走の2観点から，考案・構成することができます。また，水泳系は，陸上とは違う水の中の特殊な環境での運動世界となります。水の中では，息が吸えないことや水圧・浮力があることが，陸上との大きな違いです。そのため，「呼吸」と「浮き身」はとても大切な学びとなります。低学年よりも進んだ学年での子ども達においても，こうした「呼吸」と「浮き身」に対する心配や不安をもつのであれば，低学年の水遊びの導入が参考になります。

（2）「仲間」における活用アイデア

　本書の「対話のデザイン」には，「身体」と「内容」に加え，もう一つ重要な項目立てがあります。それが，「仲間」です。ここには，学校で体育を学ぶ意味を読み取ることができます。子ども達の運動感覚では「身を以て知る」ことになります。これは文字通り，自分の身を以て知ることです。身を以て知ると，「相手の身になる」こともできるようになります。こうした自分と仲間との身体との対話は，体育ならではといえます。中学校の器械運動では，全員でタイミングをあわせた「ゆりかご」や「みんなでゴロゴロ」はとても大切な運動経験となります。単に自分だけが転がるのではなく，自分の身体と仲間の身体がまさに一つになるように心も一つにして成立する運動です。その活用アイデアは，低学年のマット遊びの「ふわふわマット」での「一緒に転がる」という学習活動からもヒントを得ることができます。

　また，小学校高学年の「音楽にあわせたリズム走」は，中学校・陸上競技ハードル走の「心をつなぐ123ステップ」にも，リズム走という観点でつながっています。さらに，中学校・陸上競技での「心をつなぐ123ステップ」にある「手をつなぐこと」は，小学校高学年の陸上運動での「音楽にあわせたリズム走」の中でも採用することができます。ここでも，自分だけではなく仲間との身体と心が一体としてとらえる学びになると考えます。

4）運動したくなる導入―「単元の計画・活動の実際」の活用アイデアー

（1）「単元の計画」の活用アイデア

　本書の単元の計画は，単元のまとまりの中で導入を考えることができるようになっています。単元のまとまりを構想しておくことは，「航海地図」を手に入れておくことになります。体育・保健体育の授業は，一回性で複雑で未確定な出来事が，途絶えることなく次から次へとや

ってきます。それは，潮の流れや天候等にも左右される大海原を航海することに似ています。「航海地図」がなければ現在地が不明になり，難破してしまうのと同じです。「単元の計画」がなければ，現在の導入での学びが不明になり，意図的な教科指導は叶わなくなります。

　また，「限られた時間の中での導入である」という時間意識をもつことは，単元のまとまりの中での貴重な1単位時間，その中での導入のもつ存在価値を確認することができます。単元のまとまりで体育・保健体育の導入を計画することは，引いては，体育・保健体育のカリキュラム・マネジメントにもつながります。

　本書では，要する全時間が明記されています。各学校の年間指導計画の立案・修正等の参考にして頂ければと思います。その際，本書の「単元の計画」をコピーして，実践後に赤で学習内容や学習活動を修正・改善・追記等を添えていくと，「逆単元計画」の作成となります。その「逆単元計画」は，次年度の年間指導計画の貴重な資料となり，改めて，各運動領域特有の学びの内容を意識した導入になっていることや，最適な活動からスタートするという考え方に立つ導入であることを確認できると思います。

（2）「活動の実際」の活用アイデア

　本書の「活動の実際」には，写真や吹き出しが挿入されています。これらは，授業イメージをもって頂くだけではなく，活用アイデアも含まれています。それは①運動したくなる学習環境づくり，②運動したくなる仲間づくり，③運動したくなる自分づくりです。

　①は，例えば，体育館での場の使い方，運動方向，コートサイズ，コーンの置き方，教具の色といった，運動したくなる学習環境づくりの活用アイデアの参考になります。また，どの導入も1〜4人程度・分秒単位の設定である「少人数短時間制」，運動での待ち時間がない「待機児童ゼロ」の2つは，体育・保健体育でのシステムに関する活用アイデアとなります。

　②は，例えば，低学年の水遊びの「いろいろなパッを創って遊ぼう」では，1人で黙々と実施するのではなく，互いの手をつないで行う様子が写真からわかります。内側で手をつないで円になって浮く姿は，まるでスカイダイビングのようです。運動したくなる仲間づくりとして，ペアやグループといった学習形態をどのようにするのかの参考になります。

　③は，例えば，ボール運動・球技（ゲーム）のアイデアには気づきを促す発問があります。教師の問いが子ども達の問いになり，気づきを促します。これは，自問自答になぞって，導入では，教師が問い・子ども（児）が答える「師問児答」，子ども（児）が問い・自ら（児）が答える「児問児答」があります。また，その「師問児答・児問児答」は辛苦を伴うものでは決してなく，むしろ笑顔を誘います。「笑顔も顔の運動である」ということはすべての導入の特徴です。導入の場面をICT機器で撮り，卒業式に映し出したら，「あ！　あの体育，あの笑顔，懐かしいな」と子どもと教師が共に感じ合える演出になります。運動好きが育つ自分づくりの集大成としての活用アイデアです。

（鈴木　一成）

3 領域別 導入10分の実践プラン

1 いろいろなリズム・タイミングでウォームアップ！

ケンケン，スキップ，走りながら音にあわせて跳ぶ運動を行い，さまざまなタイミングで跳ぶ経験をします。子ども達が異なった動き方によって得られる動きの感じ方を味わい，運動の楽しさに触れ，仲間と声を掛け合って縄の通り抜けを楽しみながら行うことがポイントです。

■ 主体性を引き出す為のデザイン

長縄跳びの要素となる，走・跳の運動をさまざまなリズムやタイミングで行い，楽しく跳ぶことを経験します。また，縄を回すスピードを子どもの「いま―ここ」の力にあわせて変化させ，通り抜けできるかできないかのハラハラ感を感じながら主体的に運動に取り組むことができるようにします。

■ 対話のデザイン

身体

音にあわせた運動にすることで，リズムにあわせようと床を踏みつける力を調整したり，音に反応して「走る」から「跳ぶ」へと素早く動きを変えたりすることを身体で感じることができるようにしました。

仲間

仲間が縄に入りやすくなるように，仲間の目の前を縄が通過した時に後ろの子どもが「今！」や「はい！」などの声掛けを行い，仲間と確かめ合う活動ができるようにしました。

内容

リズムを意識しながら感覚づくりを行い，縄に入るタイミングにあわせたリズムを感じながら活動を行うことで，リズミカルに動く身体を楽しみ，用具と呼応してリズミカルに動くための意思決定を遊びの中でできるようにしました。

■ 単元の計画　全4時間計画

【単元の学習課題】

縄を跳ぶタイミングを見つけて，楽しく跳ぼう！

時数	1	2	3	4
学習活動	○元気アップタイム ○タイミングジャンプ ○走り抜け		○元気アップタイム ○タイミングジャンプ ○走り抜け	
	ねらい1：0の字跳びをみんなが跳んで楽しもう。		ねらい2：8の字跳びをみんなが跳んで楽しもう。	

■ 活動の実際

時間	実際の活動（4時間目）
0分	○集合・挨拶 ○感覚づくり運動開始

リズムを変えたスキップやケンケンを行ったり，タンバリンの音にあわせてタイミングよくジャンプしたりして，跳ぶ経験を増やします。

活動1：元気アップタイム（タンバリンのリズムにあわせてケンケン，スキップ）

速いから小刻みなスキップ！

リズムが変わると楽しいね！

大きく跳んじゃだめだね。

折り返しの運動を行う。行きはスキップやケンケン，帰りはダッシュとします。

活動2：タイミングジャンプ

不規則に太鼓を鳴らし，走りながらさまざまなタイミングでジャンプさせます。

太鼓が鳴った，ジャンプ！

5分	○走り抜け

かぶり回しの縄の中を走り抜け，走り出すタイミングを考えながら遊びます。

タイミングがわからない。

縄の音がしたらゴーだよ。

やった！抜けられた！

10分	8の字跳び開始

※4人1チームとして，運動の機会を少しでも多くするようにしました。
※1時間目，3時間目は回し手の回し方も指導しました。必要に応じて，教師が一緒に入るなどして，苦手な子どもも入りやすくなるようにしました。

（菅原　知昭）

2 動きの「わかる」が「できる」につながる！

用具操作や力強い動きのおもしろさを味わうことができる活動を導入で活用しました。動き方の理解が技能アップにつながるよう，仲間とかかわり合う活動を通して，主活動で必要な技能や思考力を学びます！

■ 主体性を引き出す為のデザイン

全員が簡単に参加できる活動を通して，動きの「わかる」が「できる」につながる実感を味わわせつつ，運動意欲を継続させ，子どもの主体的な参加を促します。

■ 対話のデザイン

身体

用具操作や力試しの運動感覚といった自らの身体の状態に気づきやすいよう，全員が参加できる簡易的な活動としました。

仲間

課題解決に向けた話し合いがしやすい人数（4〜6人）にし，「活動を成功させるにはどんな動きをすればよいのか」の視点で考え合い，仲間と試行錯誤し，考えを伝え合える活動を取り入れました。

内容

主活動で必要な技能（ボール，フープ等の用具を投げる力加減や正確性，力強い動きのための姿勢や身体の動かし方）や思考力（課題解決のために仲間と動きを工夫する力）が養われる活動にしました。

■ 単元の計画　全8時間計画

【単元の学習課題】

用具操作や力試しの運動を通して，身体の基本的な動きを総合的に身につけよう！

時数	1	2	3	4	5	6	7	8
学習活動	フレンズボールキャッチ　二人組⇒六人組⇒全員			雑巾ダッシュ　二〜三人組⇒六人組			フレンズボールキャッチ　雑巾ダッシュ　※選択	
	ねらい1：ボールを使っていろいろな動き方を身につけよう。			ねらい2：力強い動きの動き方を身につけよう。			ねらい3：いろいろな動き方を組み合わせて楽しもう。	

■活動の実際①（フレンズボールキャッチ）

時間	実際の活動（2時間目）
0分	○挨拶 活動：フレンズボールキャッチ開始
	二人組でボールを持ち，真上に投げます。友達の投げたボールの真下に動き，キャッチするゲームです。ボールを投げる力加減やフォームなどがわかることをねらいます。
5分 10分	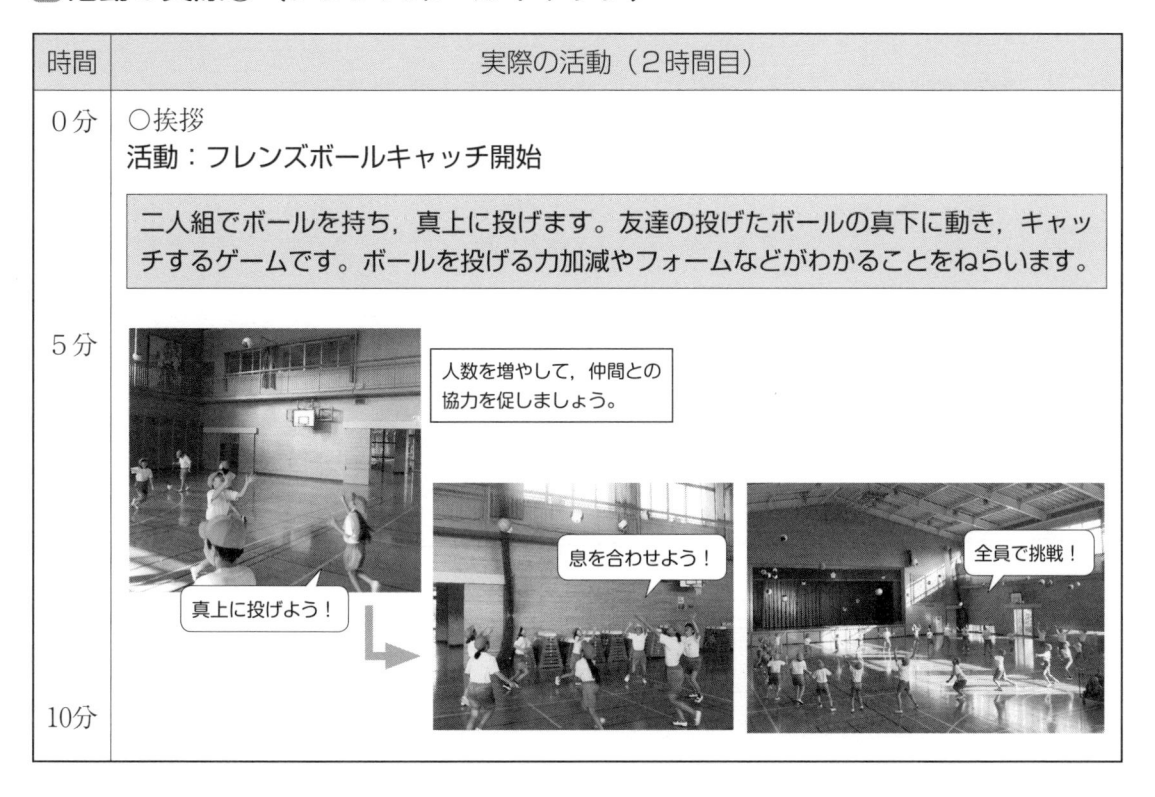

人数を増やして，仲間との協力を促しましょう。

真上に投げよう！

息を合わせよう！

全員で挑戦！

■活動の実際②（雑巾ダッシュ）

時間	実際の活動（4時間目）
0分	○挨拶 活動：雑巾ダッシュ開始
	二〜三人組になって1人が雑巾の上に乗ります。力を合わせて引っ張り，他の組と競走をしながら，力強い動きをするための姿勢を考えるリレーです。
5分 10分	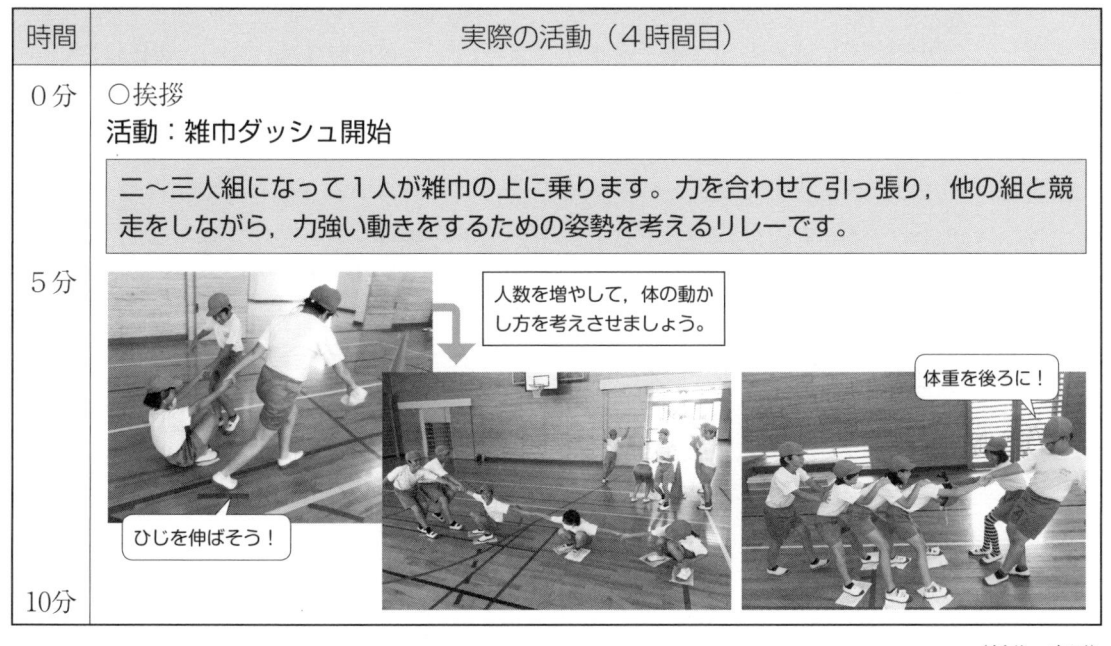

人数を増やして，体の動かし方を考えさせましょう。

体重を後ろに！

ひじを伸ばそう！

（新井　康平）

③ 障害物をドリブルしながら越えよう！

子ども達は，体育館の中に設定されたいくつかの障害物をドリブルしながら越えて，移動していきます。ドリブルする手を利き手側，利き手ではない側，交互に変えるなど，子ども達の実態に応じて修正します。

■ 主体性を引き出す為のデザイン

子ども達に主体的な活動をさせる為に，ボールの選択（ミニバスケットボール，ゴムボール，スポンジボールなど），練習の場の選択，移動のスピードや移動のパターンを選択することができるようにします。また，子ども達が活動の場を理解しやすいように，ホワイトボード上に絵を描いて示します。

■ 対話のデザイン

身体

子ども達はさまざまな障害を楽しみ，ボールを巧みに操作しながら，創造的に動き回るために，自分自身へ挑戦をしていきます。また，自分の力に応じたスピードでドリブルしながら，ウォーミングアップ中にさまざまな障害に繰り返し挑戦することができます。

仲間

子ども達は名前の順でチームに分けられます。子ども達はチームの仲間と一緒に協力してドリブルをしながら障害を越えることもできます。また，安全に活動するために，周囲に人がいるかどうかをドリブルしながら感じ，活動する必要があります。

内容

障害物コースは，さまざまな障害との関係で，子どもにいろいろな動き方でドリブルすることに挑戦させます。子ども達は，障害を越えようと何度も挑戦することで，ボールコントロールすることを上手にしていきます。

■ 単元の計画　全8時間計画

【単元の学習課題】

ドリブルをしてボールをゴールへ運ぼう！

時数	1	2	3	4	5	6	7	8
学習活動	ウォームアップゲーム1　ドリブル遊び（体育館半面）				ウォームアップゲーム2　ドリブル障害コース（体育館全面）			
	ドリブルで体育館内を旅しよう！　異なる方向・場・スピードでドリブルしよう！				さまざまな動かない障害やディフェンダーをドリブルでかわして目的地まで移動しよう！			

■ 活動の実際（5時間目）

> **こんな活動**
>
> 子ども達は，体育館に入ったらホワイトボードに示されている説明書きを読んで，すぐにボールを持ってドリブルをはじめます。体育館に設置された動かない障害をドリブルしながら回ったり，またぎ越したり，通過して楽しみます。

説明を読んでスタートしよう！

ボールを選ぶぞ！

ドリブルをしながら障害を越えていくよ！

ボールを持ったらすぐにドリブルだ。

ドリブルをしながら障害をまたぎ越すよ！なんどもなんどもチャレンジだ！

箱の上に立った状態でドリブルするぞ！

こんな発問で子どもを支援しよう！

・ドリブルを続けながら，それぞれの障害を回ったり，またぎ越したり，通り抜ける為に気を付けなければならないことは何ですか？

・挑戦する課題を難しくするためにどんな工夫をすればいいですか？

（Kerri L. Smith・Deborah Sheehy　訳・鈴木　直樹）

4 運動感覚を高める動物歩き

準備にほとんど時間が掛からず，すぐに運動に入れます。4～5種類の簡単な動きを繰り返して行うだけで，帽子に薄らと汗をかくくらいの運動量になります。また，単元を通して行うことで，運動感覚の高まりを感じられるようになります。

■ 主体性を引き出す為のデザイン

短い時間に簡単で多様な運動を繰り返して行う中で，自己の身体と対話しながら，よりよい動きを考え，見つけ出すことができ，また，活動を通して主体性を引き出すようにしています。

■ 対話のデザイン

身体

簡単で多様な運動を繰り返すことで，腕支持や逆さ，回転，身体の締め，手足の協応などの基礎的な運動感覚の高まりを実感し，その運動感覚を使った動きの工夫に気づきます。

仲間

4人で1グループをつくり，補助や観察，応援などをします。いつも同じメンバーで行うことで，身体の使い方や動きの向上が見取りやすく，教え合いや認め合いが生まれるようにしています。

内容

自分の身体そのものを操作して運動するので，巧みな動きを高めることにつながります。また，「折り返し地点まで何回で行けるか」といったように，動きを数値などで見える化することで，動きを改善していくための工夫をしています。

■ 単元の計画　全8時間計画

【単元の学習課題】

いろいろな動きを通して，自分の身体の高まりを感じよう！

時数	1　　　2　　　3　　　4	5　　　6　　　7　　　8
学習活動	動物歩きタイム① （クマ歩き，ウサギ跳び，カンガルー跳び，カエルの足打ちなど）	動物歩きタイム② （手押し車，馬跳び，おんぶ歩きなど）
	ねらい1：動きの高まりを感じよう。	ねらい2：仲間の動きを感じよう。

■ 活動の実際①（個人の運動）

時間	実際の活動（1時間目）
0分	○集合・点呼・挨拶・移動（グループに分かれて折り返しの運動をする場所へ）
	体育館を横に使い，スタートラインから10m程度のところに，ディスクコーンなどの目印を置きます。行きは試技で，帰りは走って戻ります。太鼓を使ってリズムを取ると，動きにテンポが生まれます。
5分	活動：動物歩きタイム① <動物歩きの例> クマ歩き，クモ歩き，アザラシ歩き カンガルー跳び，ウサギ跳び カエルの足打ち　など ※1種目1分程度でできます。

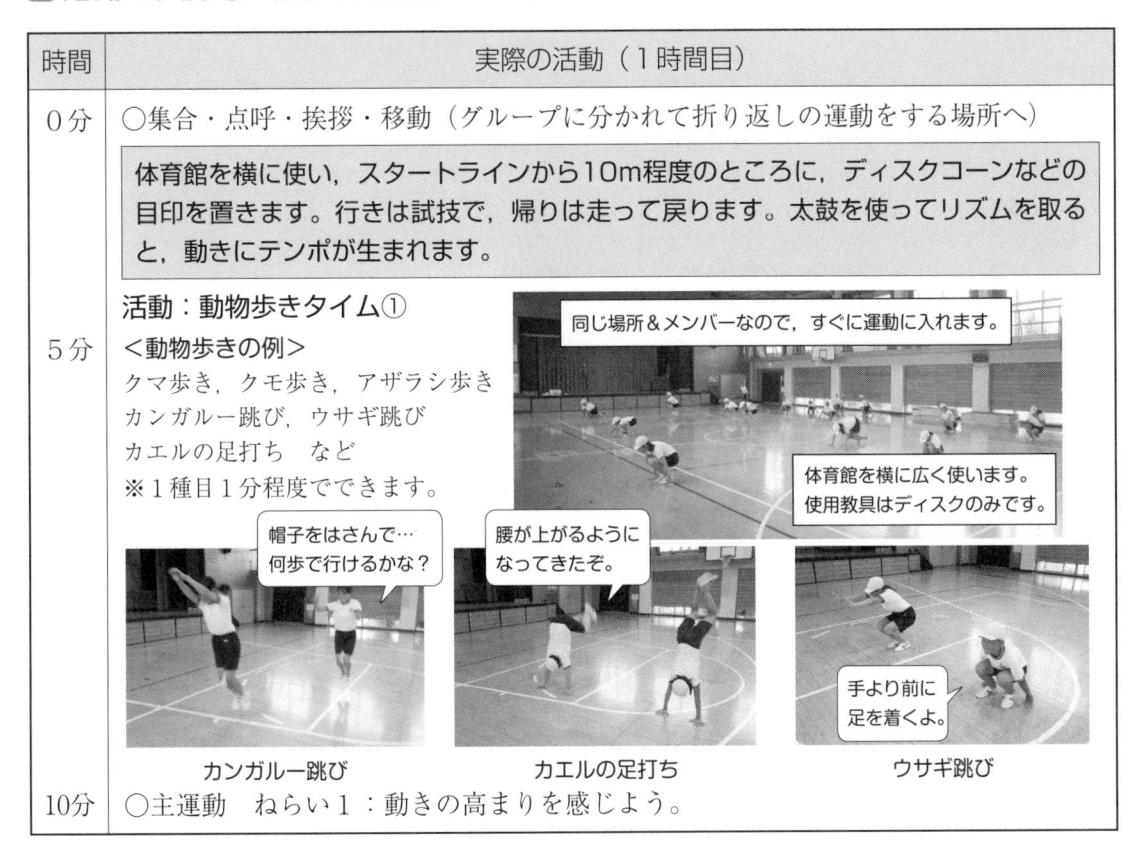

カンガルー跳び　　　　カエルの足打ち　　　　ウサギ跳び

時間	実際の活動
10分	○主運動　ねらい1：動きの高まりを感じよう。

■ 活動の実際②（グループの運動）

時間	実際の活動（5時間目）
0分	○集合・点呼・挨拶・移動（グループに分かれて折り返しの運動をする場所へ）
	場の設定は，①と同じです。折り返し地点で交代し，帰りも試技をします。
	活動：動物歩きタイム② <ペアで行う運動の例> 　手押し車，おんぶ歩き　など <グループで行う運動の例> 　馬跳び，ムカデ歩き　など

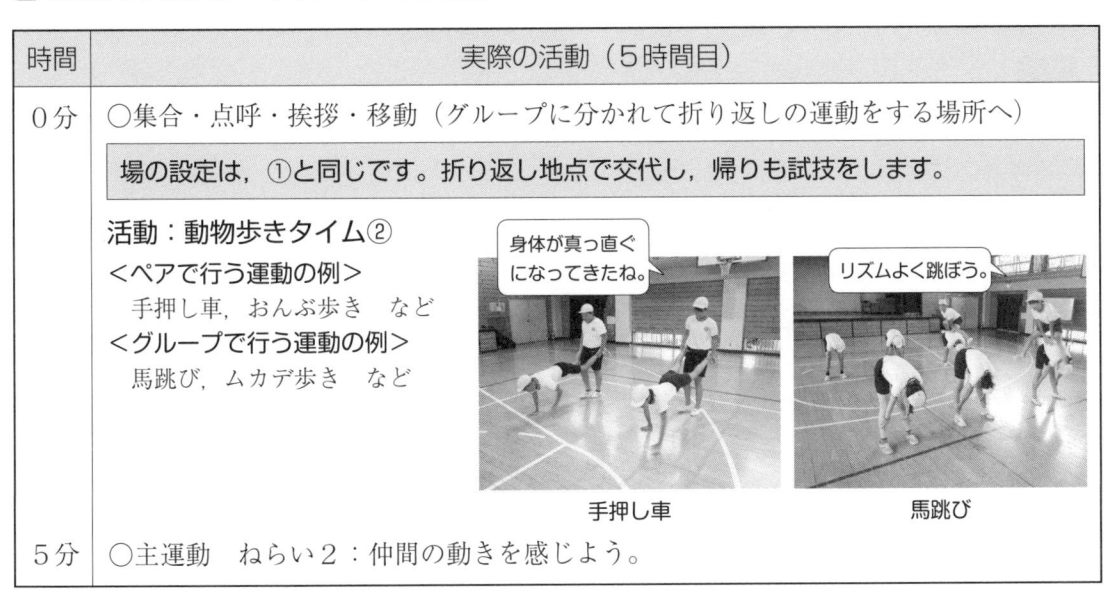

手押し車　　　　　　　　馬跳び

時間	実際の活動
5分	○主運動　ねらい2：仲間の動きを感じよう。

（佐藤　哲也）

5 ウォームアップで，楽しく歌おう「郵便屋さん」

長縄を使った運動「わらべ歌 郵便屋さん」を導入で行いました。主運動での長縄を使った巧みな動きを高める学習に向けて，子ども達が友達とかかわり合いながら縄の入り方や跳び方を創意工夫する学び方を準備運動で経験することができます。

■ 主体性を引き出す為のデザイン

「郵便屋さん」は，誰しも一度は聞いたことがあるゆるやかなメロディーで，「縄の動きを目で確認しながら跳ぶ」ことが容易なことから，8の字跳びに苦手意識をもつ子どもでも，楽しみながら気軽に取り組むことができます。

■ 対話のデザイン

身体

自分が「こんな動きをしよう」とイメージする動きと，実際に試してみた時の感覚のズレに，運動の中で迫っていくプロセスを繰り返し行うことができます。

仲間

「タイミングをあわせて同時に入ってみよう」「こんな跳び方もできそうだよ」と，縄への入り方や跳び方を試す中で対話が生まれ，互いの動きを見合うようになります。縄の回し手も「引っかからないで跳ばせよう」と，跳び手を見ながら回すようになります。

内容

主運動での思考を働かせる場面（条件を変化させながら工夫した動きに取り組む学習）への出会いとなります。

■ 単元の計画　全5時間計画

【単元の学習課題】

縄への入り方や跳び方を工夫して，縄を使った巧みな動きをつくって友達と楽しもう！

時数	1	2	3	4	5
学習活動	郵便屋さん（1人でチャレンジ）		郵便屋さん（2人でチャレンジ）		
	ねらい1：縄を使って巧みな動きをつくって楽しもう。		ねらい2：縄と用具を使って，巧みな動きをつくって楽しもう。		

■ 活動の実際

時間	実際の活動（5時間目）
0分 1分	○集合・挨拶 ○長縄（郵便屋さん）の開始 　4，5人のグループで「郵便屋さん」を歌いながら長縄跳びをします。歌の最後は，縄を両足でまたいでポーズを決めるようにしましょう。

> **わらべ歌「郵便屋さん」**
> 郵便屋さん　おはいんなさい
> はがきが10枚　おちました
> 拾ってあげましょ
> 1枚　2枚　3枚　4枚　5枚
> 6枚　7枚　8枚　9枚　10枚
> ありがとさん

活動：「郵便屋さん」で遊ぼう（2人で）

> **こんな活動** 楽しい雰囲気で「郵便屋さん」を行う中で，縄への入り方や跳び方を子ども達同士で工夫することは，長縄を使った巧みな動きの学習への準備となります。

（入り方）
・同じ方向から手をつないで一緒に入る　・違う方向から入る　など

手をつないで一緒に入ろうね　　　　　縄の両側から一緒に入ってみよう

（跳び方）
・跳び方をそろえる（片足，かけ足，両足，グーパー，グーチョキ，地面をタッチ）
・友達の肩を持って跳ぶ　・跳びながらハイタッチする　・手をつないで跳ぶ　など

次は，跳びながらジャンケンしてみない？

じゃぁ，声を掛け合って，タイミングをあわせてみよう。

跳びながらジャンケン

肩を持ったままジャンプ

手をつないだままジャンプ

時間	
5分	○主運動の説明・主運動開始

（川村　幸久）

6 あなたの隣，あなたの後ろ，みんなで丸くなって，あわせて動く

中学生になって，初めて出会う仲間と呼吸やタイミングを「あわせて」動くことで，協働して運動する楽しさに気づき，身体も心も耕すウォーミングアップです。ポイントは「よく見る・見たらすぐ動く」こと。運動することに共通な「時間，空間，力」の感覚を磨きます。

■ 主体性を引き出す為のデザイン

小中の架橋期である中学校１年生に，二～四人組の少人数グループで，シンプルな動きを「あわせて」段階的に展開していくことで，主体的に活動に取り組ませ，自分自身の身体と他者との関係性や，「時間，空間，力」の感覚に気づき，「もの」（今回は新聞紙）を介して行う主運動に結びます。

■ 対話のデザイン

身体

「時間，空間，力」の感覚を共有することで，他者を通しての自己の身体をみつめる機会としました。

仲間

「よく見ること，見たらすぐ動くこと」を原則とし，２～４人の少人数グループで，集中して聴きあえるよう配慮しました。

内容

シンプルな動きをベースに，お互いの身体をどうやって「あわせていく」のか思考し，動きをもっての聴き合いを通して協働する運動のおもしろさを学べる課題を工夫することで，主運動へスムーズに接続させるようにしました。

■ 単元の計画　全６時間計画

【単元の学習課題】

お互いの身体や動きを「あわせて」動くおもしろさに気づこう！

時数	1	2	3	4	5	6
学習活動	①あわせて進もう ・縦一列で／つぎつぎ先頭チェンジして ②力をあわせて ・二人組で窓をつくろう／つり合えるかな ③あわせてジャンプ ・二人組でタイミングあわせて／ずらして			①あわせて進もう ・横一列で／オリジナルの動きにあわせて ②力をあわせて ・二人組でシーソー／動いてみよう ③あわせてジャンプ ・四人組であわせて／ずらして／空間を広げて		
	ねらい１：二人組でいろいろな「あわせる」をやってみる。			ねらい２：四人組で「時間・空間・力」の変化をつけてやってみる。		

■ 活動の実際

時間	実際の活動（5時間目）

お互いの身体の様子を聴き合い，いろいろな「あわせる（進む・力をあわせて・ジャンプ）」をやってみます。最初はなかなかあわないですが，「どうすればあうのか」動きや身体をもって相手を丁寧に感じとり，伝え合ってあわせていく活動であることを理解して進めます。二回目以降は前回の内容を復習しながら10分間で課題を積み重ねていきます。急に要素を増やさず，徐々に難易度を上げていくのがポイントです。

0分

○集合

　前の時間の復習をどんどんやってみるよ。仲間の動きを丁寧に見てね。聞いてね。自分が動きながら，どんな感じがしたかも，ちゃんと聞いてね。

活動1：あわせて進もう（毎時間いろいろな動きで）

1分

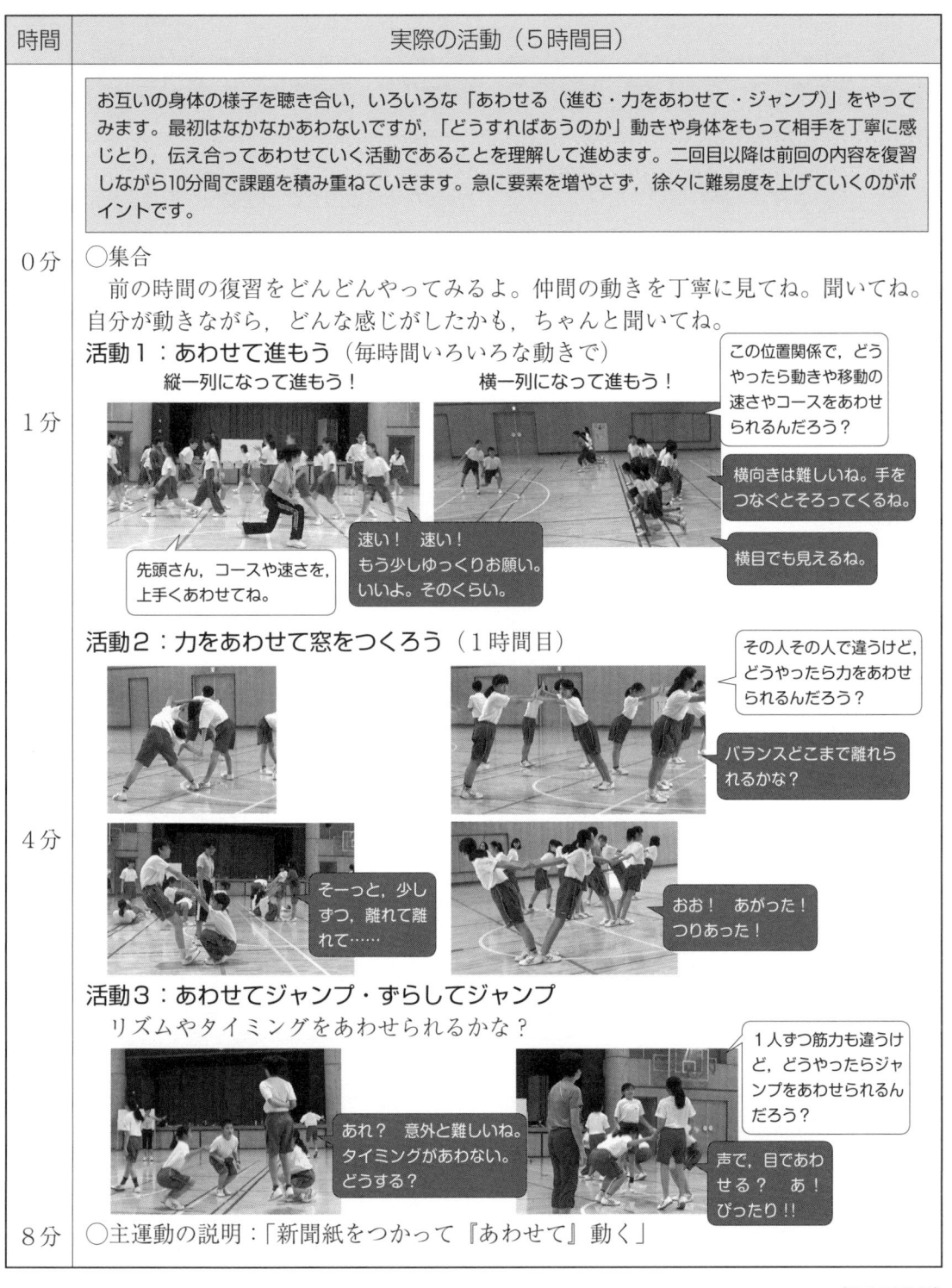

縦一列になって進もう！　　　横一列になって進もう！

この位置関係で，どうやったら動きや移動の速さやコースをあわせられるんだろう？

横向きは難しいね。手をつなぐとそろってくるね。

横目でも見えるね。

先頭さん，コースや速さを，上手くあわせてね。

速い！　速い！もう少しゆっくりお願い。いいよ。そのくらい。

活動2：力をあわせて窓をつくろう（1時間目）

その人その人で違うけど，どうやったら力をあわせられるんだろう？

バランスどこまで離れられるかな？

4分

そーっと，少しずつ，離れて離れて……

おお！　あがった！つりあった！

活動3：あわせてジャンプ・ずらしてジャンプ

リズムやタイミングをあわせられるかな？

1人ずつ筋力も違うけど，どうやったらジャンプをあわせられるんだろう？

あれ？　意外と難しいね。タイミングがあわない。どうする？

声で，目であわせる？　あ！ぴったり!!

8分

○主運動の説明：「新聞紙をつかって『あわせて』動く」

（君和田雅子）

7 動いて！かかわって！色んな動きで遊ぼう！

転がると気持ちいい場や，色々な転がりができる場をつくりました。その場で，転がり方を工夫したり，友達と一緒に転がったりして，たくさん転がることのできる運動遊びを導入で活用しました。

■ 主体性を引き出す為のデザイン

恐怖心を少なくした場（ふわふわマット）や，色々な転がりができる場（色々マット）をつくって，活動します。安心して活動できるので，自分達で色々な転がり方を試したり，楽しそうな動きを真似したりしていきます。

■ 対話のデザイン

身体

楽しく転がる活動を通し，普段味わえない感じを味わうことで，さまざまな格好での自分の身体を感じられるようにしました。

仲間

一緒に転がる楽しさを味わえるよう声掛けし，友達と一緒に転がったり，息をあわせて転がったりする活動を設定しました。

内容

転がる中で，滑らかに転がることやスピードや方向をコントロールして転がる動きをしながら，どうしたらより滑らかに転がれるか等を相談させたり，試させたりして，主運動につながる導入にしました。

■ 単元の計画　全6時間計画

【単元の学習課題】

クルンと転がったり，自分の好きな転がりができるようになったりしよう！

時数	1　　　　2　　　　3	4　　　　5　　　　6
学習活動	＊ウォーミングアップ1 　やってみよう！　色々転がり ……………………………………… めあて1：色々な転がりをして，自分の好きな転がりを見つけよう。	＊ウォーミングアップ2 　できるかな？　色々転がり ……………………………………… めあて2：好きな転がりを教えたり，友達の転がりを真似したりしよう。

■ 活動の実際

時間	実際の活動（5時間目）
0分	○集合・点呼・挨拶 活動：できるかな？　色々転がり

> ふわふわマットや，色々マットの場で，恐怖心を取り除きます。自分の好きな転がり方で遊んだり，友達の転がり方を真似したりして，一緒に転がったりしてみよう！

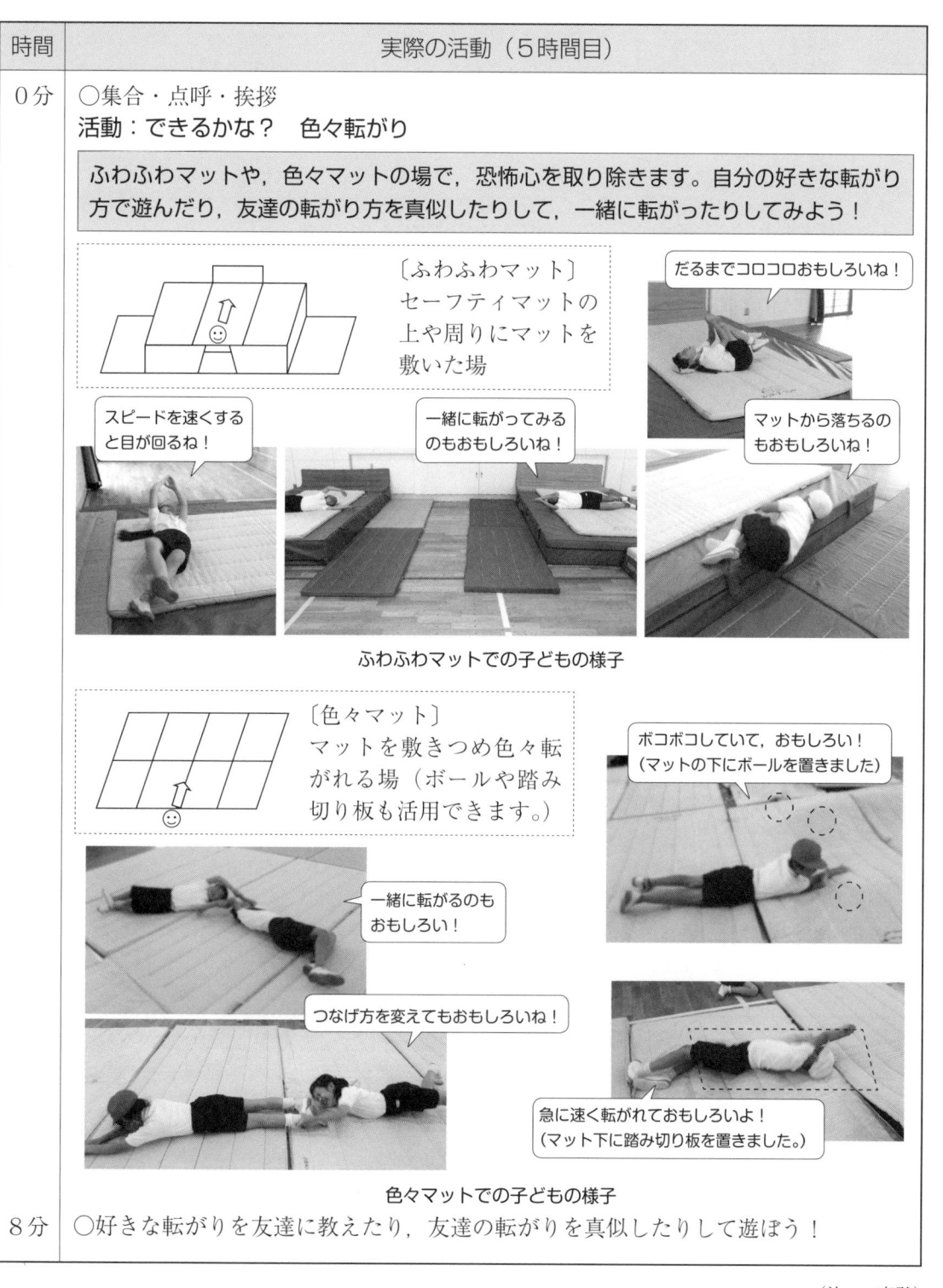

〔ふわふわマット〕
セーフティマットの上や周りにマットを敷いた場

だるまでコロコロおもしろいね！

スピードを速くすると目が回るね！

一緒に転がってみるのもおもしろいね！

マットから落ちるのもおもしろいね！

ふわふわマットでの子どもの様子

〔色々マット〕
マットを敷きつめ色々転がれる場（ボールや踏み切り板も活用できます。）

ボコボコしていて，おもしろい！
（マットの下にボールを置きました）

一緒に転がるのもおもしろい！

つなげ方を変えてもおもしろいね！

急に速く転がれておもしろいよ！
（マット下に踏み切り板を置きました。）

色々マットでの子どもの様子

時間	実際の活動（5時間目）
8分	○好きな転がりを友達に教えたり，友達の転がりを真似したりして遊ぼう！

（辻　真弘）

8 楽しい導入！
たくさんの経験から基礎感覚づくり！

　　鉄棒運動に必要な基礎感覚をウォーミングアップの中で身につけさせます。ポイントは，基礎感覚づくりの運動を単元の導入でたくさん経験させ，自己の身体への気づきを促します。後半は，その経験をもとに自己選択しながら活動する場を設定することです。

■ 主体性を引き出す為のデザイン

　単元の導入場面で，鉄棒運動に必要な基礎感覚づくりを，遊びの要素を多く取り入れながら展開します。単元後半では，導入の際に「心地よさ」「必要性」「不足」等の視点を設定して，ウォーミングアップの種目を選択させ，基礎感覚づくりに取り組む主体的な活動へとつなげます。

■ 対話のデザイン

身体

　鉄棒運動に必要な腕支持感覚，逆さ感覚，回転感覚，高さ感覚，振り感覚等の基礎感覚を高める運動を体感すると共に高めることができるようにしました。

仲間

　回数や秒数を一緒に数える，見合う，一緒に挑戦する等，仲間とかかわる場を設定します。

内容

　単元前半は，教師の意図したゲーム活動でさまざまな基礎感覚づくりに取り組みます。単元後半では，自分の課題等をもとに基礎感覚づくりの活動を自己選択して取り組みます。

■ 単元の計画　全8時間計画

【単元の学習課題】

　自己の能力に適した課題をもち，基本的な技ができるようになろう！

時数	1　　2　　3　　4	5　　6　　7	8
学習活動	＊ウォーミングアップ1 　基礎感覚づくりの運動ゲーム！	＊ウォーミングアップ2 　運動の中から自己選択しよう！	
	課題1：逆上がり，前回り下り，足かけ振り上がり，転向前下りにチャレンジ！	課題2：連続技にチャレンジ！	発表会

● 活動の実際

時間	実際の活動（5時間目）
0分	○集合・挨拶（鉄棒前に4～6名のグループごと整列） 活動：ウォーミングアップ
10分	○連続技にチャレンジ！

これまでウォーミングアップで取り組んできた運動の中から，「いっぱいやってみたい」と思う運動を5つ選んで取り組みます！　どの運動からはじめてもよいです！

◎学習カードで前時までの取組を確認し，課題をもって取り組むよう促す。
◎回数や秒数を数えたり，ペアでじゃんけんするなどグループで協力し合う。

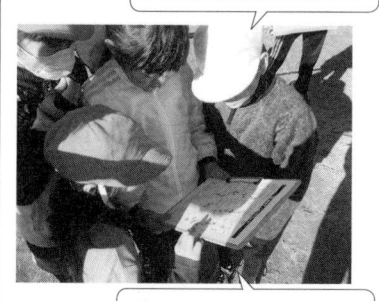

どの技に挑戦しようかな？

私は，○○の技にしてみる！

＜腕支持感覚＞
【つばめ】
　・静止を3・5・10秒
　・足を正座
　・自転車こぎバタ足
　・横に移動
　・二人組で足じゃんけん
【持久懸垂（だんごむし）】
　・静止を3・5・10秒
【ぶらさがり（高い鉄棒）】
　・静止を3・5・10秒
　・身体を前後に振る

＜逆さ感覚＞
【布団干し】
　・静止を3・5・10秒
　・二人組で手でじゃんけん
【布団干し振り】
　・振り回数を3・5・10回
【ぶたの丸焼き】
　・静止を3・5・10秒
　・片手，片足を離して
　・二人で手でじゃんけん
【こうもり】
　・静止を3・5・10秒
　・前後に身体を振る
　・二人組で手でじゃんけん

＜振り感覚＞
【つばめ振り】
　・つばめの姿勢から足を前後に振る
　・振りの回数を3・5・10回
　・つばめ振りから後方へジャンプ
【足かけ振り】
　・振りの回数を3・5・10回

いっせーの！
じゃんけん！　ぽん！
足を開いて「パー！」

つばめ（ペアでじゃんけん）

＜回転感覚＞
【前まわり下り】
　・足音をさせないで着地
　・3回連続で速く
　・10秒で何回できるか
【足抜きまわり】
　・3回連続を速く
　・10秒で何回できるか

1, 2, 3, 4！
どんどん回れるね！
頑張れー！

前まわり下り（10秒間）

＊上記の運動が一目でわかるように図入りの学習シートを子どもに配布します。やってみた運動に印をつけさせ，自己の取組がわかるようにします。

（池田　潤）

9 「○○な感じ！」を大切にした，運動感覚づくり！

> 「ゆりかご」や「かえるの足打ち」等，マット運動の学習で行われきた感覚づくりの運動を，「○○のように感じる」という運動者の目線で焦点化することで，マット運動の非日常的な感覚のおもしろさを導入場面に取り入れ，本運動に向けて運動感覚を養うことをねらいました。

■ 主体性を引き出す為のデザイン

「○○な感じを味わう！」というテーマの運動を導入に行うことで，「ゆりかごのグルンとする感じが楽しい！」などの自己対話を促したり，友達と感じを伝え合うことで身体の動かし方に気づいたりすることができ，楽しく安心して運動に取り組む準備ができます。

■ 対話のデザイン

身体

感じることをテーマにして，「ゆりかご」や「かえるの足打ち」の活動で，身体の動きを敏感に感じることができると共に，運動感覚を養うことができるようにしました。

仲間

グループ活動で行っていて，友達と向かい合ったり，隣で活動していたりするので，自然と運動を見合う場面が増えるようにしました。

内容

身体で感じる動きの楽しさを感じつつ，「クルン」とする動きや「ピタッ」とする動きがどのようにしたら起こるのかを考えながら活動に取り組めるようにしました。

■ 単元の計画　全6時間計画

【単元の学習課題】

色々な動きを楽しみながら，自分の運動感覚をつくっていこう！

時数	1	2	3	4	5	6
学習活動	「ゆりかご」と「かえるの足打ち」のおもしろい感じを味わおう！					
	ねらい1：「クルン」を味わおう！ （回転系）			ねらい2：「ピタッ」を味わおう！ （倒立系）		

■ 活動の実際

時間	実際の活動（5時間目）
0分	自分たちでマットを準備しよう！ ○集合・挨拶 ○「運動感覚づくりタイム」
	こんな活動 グループ（3・4人）で行います。友達が隣で運動しているので，自然に運動を見合うことができます。動きを見たり，動きの感じを伝え合ったりすることで，自分の運動に生かすことができます。そして，自分の感じをさらに深く養っていきます。
1分	活動1：「ゆりかご」のおもしろい感じを味わおう！  「ぐるん」を感じて「スッ」と立つ！ 背中をボールみたいにすると，「スッ」と立てるよ！ あごを引いて，頭の後ろをつけると逆さまになるよ！ ゆったりとしたリズムの音楽をかけながら，友達と一緒に活動する中で，「気づき」を友達に伝え合うことができるようにします。
3分	活動2：「かえるの足打ち」のおもしろい感じを味わおう！  友達と交互に運動して，運動した感じ，見ていた様子を伝え合うことで，より運動感覚が養われていきます。 途中で「ピタッ」と止まる感じがおもしろいんだよね。 ちょっとやってみるから見ててね！ そんな感じあるかなあ？ あー，確かにちょっと止まってる感じがする！
6分	○集合・主活動の説明

（村上 雅之）

10 私の技は，楽しい「ウォームアップ」から！

主運動につながる大切な感覚づくりの運動や既習の技を行う活動をウォームアップとして導入で活用しました。ポイントは，子ども一人ひとりが自己の課題に応じて自由に活動を選択することです。

■ 主体性を引き出す為のデザイン

教師から指定された感覚づくりの運動や技ではなく，子ども一人ひとりの技に対する「やりたい！」という思いを尊重し，活動内容を自ら決定して取り組むことで，「やらされるマット運動」ではなく，「主体的に取り組むマット運動」を目指します。

■ 対話のデザイン

身体

主運動で行う技につながる感覚づくりの運動や既習の技をウォームアップとして行うことで，課題の把握や，腕支持感覚や逆さ感覚を養うことができるようにしました。

仲間

課題が近しい人とグループ（3，4人）になり，互いの動きを見合い，アドバイスをしあえる環境を意図的に設けることで，活発な意見交換などの対話が行われるようにしました。

内容

自分の課題（取り組む技）を解決するために効果的な感覚づくり運動や既習の技を自分で選択して導入することで，主運動につながる目的意識や課題意識をもつことができました。

■ 単元の計画　全7時間計画

【単元の学習課題】

自己の課題に適した学習活動を行おう！

時数	1	2	3	4	5	6	7
学習活動	感覚づくり（共通）		感覚づくり・既習の技（選択）				
	めあて1：既習事項の確認，共通課題の解決の時間		めあて2：自己の課題解決の時間				

■ 活動の実際

時間	実際の活動（3〜7時間目）
0分	○集合・点呼・挨拶 ○ウォームアップ開始 **こんな活動** 自己の課題（技）を解決するために効果的な感覚づくりの運動や既習の技をウォームアップとして行います。子ども一人ひとりが自己の課題に応じて自由に活動を選択します。 活動：自分で学習を選択しよう！ 選択した活動がどの技や動きにつながるのか考えさせ，学習の目的意識・課題意識をもたせます。
5分	 倒立から前転する時と同じように後頭部，肩，背中，腰を順番にしっかりつけよう！ 安定して補助倒立するために自分の身体を腕で支えよう！ 手と手の間をしっかり見て目線を意識しよう！ 補助倒立と同じように足で床を強く蹴ることを意識しよう！ この瞬間に後頭部をしっかりつけて！あごを引くといいよ！ お腹と太ももに力入れて！ つま先まで伸ばそう！
10分	※子どもの課題（技）と選択している活動（感覚づくりの運動・既習の技）の整合性について指導者が確認し，必要があれば再考を促します。 ○主運動

（齋藤　秀章）

11 みんなで動くって楽しい！仲間を感じるシンクロ！

音楽にあわせて仲間と協調して動くことで，気持ちも身体もほぐれて主運動の内容に入りやすくなるウォーミングアップを行いました。動きをシンクロさせる内容により，集団演技づくりに向けた心と身体の準備にもつながります。

■ 主体性を引き出す為のデザイン

運動が得意，不得意にかかわらず，準備運動で仲間と近い距離で動きをシンクロさせることで，マット運動における身体の動きを楽しみながら「知る」「感じる」ことにつながります。また，準備運動からチームでの動きや，互いを意識し合う雰囲気が生まれ，集団演技づくりにもよい影響を与え，生かされ，心と身体の準備になります。

■ 対話のデザイン

身体

準備運動の中で，バランス感覚や体幹に力を入れる感覚を感じることができます。また，楽しくマットに身体を接触させる場面を増やすことで恐怖感も軽減されます。

仲間

安全面に配慮した上で仲間との距離をできるだけ近づけることで，互いの息やタイミングを感じて動きをあわせることができます。

内容

技やマット運動に必要な内容を音楽にあわせて導入で行います。ウォーミングアップが終わったときにはマット運動に向けた心と身体が整っています。

■ 単元の計画　全6時間計画

【単元の学習課題】

みんなで協力して集団演技をつくろう！

時数	1	2	3	4	5	6
学習活動	スリーアップ（真似っこリレー，身体と対話，せーので○○，みんなでゴロゴロ）					発表
		ねらい1：身体をまっすぐにしてみよう。まっすぐと丸くなるの違いを感じよう。		ねらい2：みんなで集団演技をつくろう。		

■ 活動の実際

時間	実際の活動（4時間目）
0分	○集合・点呼・挨拶

1時間目には，「みんながピタッとあう調度いいリズムを探してシンクロさせてみよう」という目標で，初めて組んだグループのメンバーと一緒に動いてみます。2時間目以降は，授業の始まり約10分くらいは音楽を聴きながらグループごとに活動を進めます。

活動1：真似っこリレー 【やや速いテンポの曲】

チームごとに縦に並び，先頭の子どもが自由にコースを決めて走っていきます。教師の笛の合図で先頭の子どもが片足立ちのバランスのポーズを自由に行い，後続の子ども達はその真似をしてポーズを取ります。

先頭をよく見て動こう！

2分	

活動2：身体と対話 【ゆっくりなテンポの曲】

チームで円になって身体を動かします。ここでも円になって互いに動きを見合うことを意識させています。首，手首，股関節等を動かし，自分の身体と対話します。

二人組の動きも，お互いの力を確認しあうことができます。

タイミングをあわせると技がやりやすいね！

4分	

活動3：せーのでゆりかご・川とび 【やや速いテンポの曲】

全員でタイミングをあわせ，ゆりかごをした後その場で起立します。川とびも2人ずつタイミングをあわせます。マットの中央に手を着いてマットの横幅を飛び越えることにより側転に対する恐怖心も薄まります。

8分	

活動4：みんなでゴロゴロ 【速いテンポの曲】

マットの上にチームで横並びに手足を伸ばして寝転がり，その上に1人が身体を伸ばして乗ります。下の子ども達はタイミングをあわせて転がり，上の子どもを運んでいくという運動です。

みんなと一緒に動くとマットも怖くないね！

10分	○今日の学習 みんなで集団演技をつくろう

（石川 安彦）

12 しっぽと追いかけっこ！全力で走ろう！

低学年の子ども達に，「全力で走る」経験をさせるために，楽しみながら取り組むことができる活動として取り入れました。主活動では，競争のおもしろさを味わわせたいので，準備運動では，全力で走ることの楽しさを感じさせます。

■ 主体性を引き出す為のデザイン

主活動で行う「折り返しリレー遊び」は，「勝った・負けた」「コーナーの折り返し方」「バトンパス」に子ども達の意識がいってしまいがちです。そこで，導入では「全力で走る」経験をたくさん積ませながら，「走ることのおもしろさ」を味わわせます。

■ 対話のデザイン

身体

全力で走ることで「しっぽが地面につくか・つかないか」の狭間の中を楽しみます。

仲間

しっぽを見るという行為から，お互いに様子を見合ったり，追いかけっこをしたりする中で，友達と交流が生まれていきます。

内容

3〜6ｍ程度のスズランテープをつけて走ることで，地面につけないように全力で走ることにむかえます。また，友達と追いかけっこをしながら全力で走る楽しさを味わわせます。

■ 単元の計画　全6時間計画

【単元の学習課題】

どのように走ったり，バトンをつないだりすれば，速く走れるか考えよう！

時数	1	2	3	4	5	6
学習活動	折り返しリレー遊び① （色々なチームと競争しよう！）			折り返しリレー遊び② （相手と競争しよう！）		
	しっぽを落とさないように走ろう （自分が全力で走る）			しっぽをつけて追いかけタッチをしよう （バトンタッチを意識しながらの全力走）		

■ 活動の実際

時間	実際の活動（5時間目）
0分	○集合・挨拶 ○導入開始 しっぽをつけて，しっぽが地面につかないように全力で走ります。友達に見てもらい，できているようならしっぽの長さを長くしていきます。 活動1：しっぽを落とさないように走ろう！ はじめは，短いしっぽで走ってみる。 もっと速く走らないと地面についちゃうぞ！ しっぽを長くしても地面につかないで走れるか。
5分	活動2：しっぽをつけて追いかけタッチをしよう！ しっぽをつけた人を追いかけてタッチする。 徐々に2人の距離を離していき，どこまで追いつけるかを試していく。 どこまで離れたらギリギリ追いつけるかなぁ。
10分	○場の設定　主活動のめあての確認　活動開始

※活動1（単元前半）では，個が全力で走ることを十分に楽しませます。活動2（単元後半）では，バトンパスにつながるように追いかけっこを取り入れました。

（永末　大輔）

13 「楽しく走る！」「楽しく競う！」

メインの運動となる短距離走やリレーなどの走運動につながるゲーム化した運動を授業の導入に取り入れます。トレーニング的になることなく，運動負荷を徐々に高めながら楽しく走る運動を行うことができます。

■ 主体性を引き出す為のデザイン

ゲーム化された楽しい運動をウォーミングアップで行うことによって，身体を温め，どうすればもっと速く走ることができるだろうという気持ちをもたせます。さらに，楽しく走ることで，「走ることは疲れる」「遅いから嫌だ」という子どもの走運動に対する抵抗感も軽くします。

■ 対話のデザイン

身体

主運動に入る前に，運動への抵抗感をなくし，急に重い運動負荷を掛けることのないように，体力差があっても楽しく運動できるゲームとしました。

仲間

１対１で運動したり，仲間と協力して運動するゲームにより，楽しく友達と競うことができるようにしました。

内容

「歩く」から「走る」に変化させたり，運動するコートの広さを徐々に広げたりすることで，主運動への心と体の準備ができるようにしました。

■ 単元の計画　全5時間計画

【単元の学習課題】

スタートダッシュするには，どのように腕や足を動かせばよいか考えよう！

時数	1	2	3	4	5
学習活動	○2人おに　　　　○コーナーダッシュジャンケン				
	ねらい1：どうやっておにから逃げ続けるか。 ねらい2：早く相手陣地に行くにはどうするか。			ねらい1：どうすれば早く捕まえることができるか。 ねらい2：どうすれば相手に攻め込まれないか。	

■ 活動の実際

時間	実際の活動（3時間目）
0分	体育館（グラウンド）に集まった子どもから授業準備をする。 ○集合・挨拶 **活動1：2人おに** 　2人の内，1人が逃げ，もう1人が追います。タッチされたら，10秒数えてリスタートします。1回目は「歩く」，2回目は「走る」を行います。
2分	 逃げる子どもは，ダッシュ・ストップを使いながら逃げます。 よし！隅に追い込んでタッチするぞ！ 制限されたコートのどこに追い詰めればタッチできるかを考えて動きます。 今だ！止まって方向を変えるぞ！
4分	**活動2：コーナーダッシュジャンケン** 　トラックのコーナーを使ってドンジャンケンをします。2分間で何回相手陣地まで行けたかを競います。より多く行けたチームの勝ちとなります。
8分	 早く戻って，スタートできるようにしないと！ 負けた…。早く声を掛けなきゃ！ やった！あと少しで到着だ！ せーの！じゃんけん！ぽん！
10分	○主運動　どうすれば早くスタートできるかな？

（小林　治雄）

14 楽しい！音楽にあわせてリズム走♪

陸上運動で大切な感覚づくりを「音楽にあわせたリズム走」で育んでいきます。技術や体力も大切な要素ですが，音楽のリズムにあわせて身体をダイナミックに動かしていくことで，主体的に陸上運動へ取り組んでいくための素地がつくられます。

■ 主体性を引き出す為のデザイン

音楽にあわせてリズムをとっていくことで，自分のペースで楽しくリズム走ができます。リズムの速い遅いに関係なく，それぞれが自分のリズムにあわせて，主体的に活動することができるようになります。

■ 対話のデザイン

身体

音楽のリズムにのったりすることで「自分の感じ」にあわせながら，身体を温めたり，可動域を広げたり，身体の調子を確かめたりすることができます。

仲間

ペアやグループで楽しく対話しながら導入を展開しました。導入では仲間との競走を誇張せずに，お互いの動きを真似することで，楽しく運動ができるようにします。

内容

音楽にあわせたリズム走を行うことで，楽しく自分の動きをつくっていくことができます。ダイナミックな走りは，どのような走りなのかを考えながら，走りを変化させていきます。

■ 単元の計画　全8時間計画

【単元の学習課題】

一人ひとりの感覚を大事にして，大きく身体を動かして走ろう！

時数	1	2	3	4	5	6	7	8
学習活動	※楽しく！リズム走♪							
	ねらい：ダイナミックに身体を大きく動かして走ってみよう！！							

■ 活動の実際

時間	実際の活動（7時間目）
0分	○集合・挨拶・健康観察 ○音楽にあわせたリズム走 リズム走の利点は，心と身体を温められることです。 最初は軽い負荷（ウォーキング等）から始め，徐々に負荷をかけていきます。 活動：リズムにのって身体をダイナミックに動かしていこう（毎秒90拍くらい） ※おすすめの曲は「Day by Day」（GReeeeN） 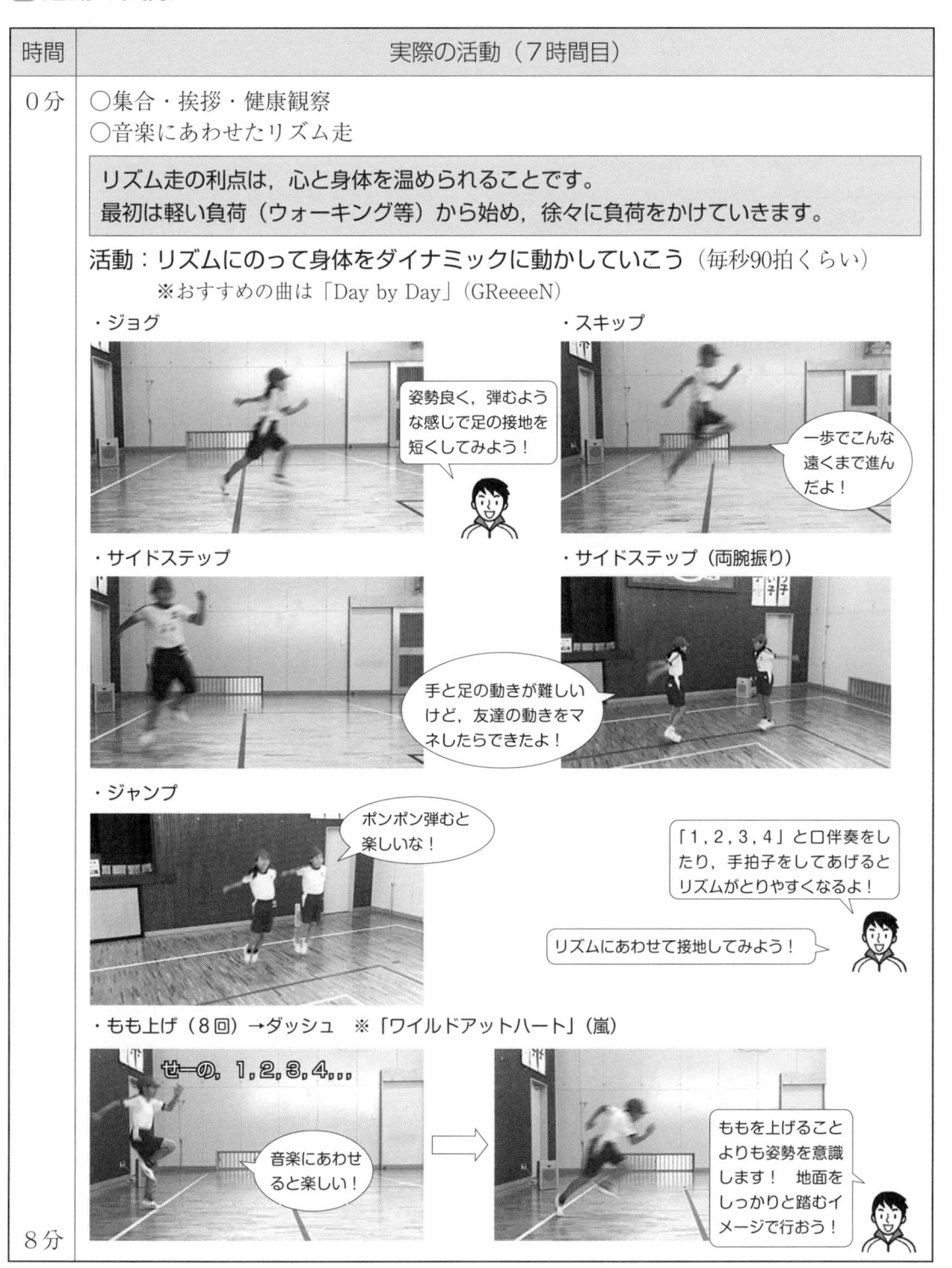
8分	

（大塚　圭）

15 リズムから誘われる心地よい走り！

走ることへのコンプレックスや，わずらわしさを感じてしまっている子ども達を，走るおもしろさへとシフトチェンジするため，自己の「走るリズムに注目させる」時間を導入で活用しました。〈競争〉する走りから，からだ感覚と〈対話〉するおもしろさへと，子ども達の走運動へ向けての意識を高めていくことがポイントです！

■ 主体性を引き出す為のデザイン

速く走ることに拘りすぎて，走る心地よさを見失うことのないように歩幅や時間を手がかりに走るリズムを確かめることを大切にしました。50mという空間を自己のリズムを表現する"ステージ"として意識させる活動をウォーミングアップとして取り入れることで，走る心地よさを感じさせながら走運動への学習意欲を促します。

■ 対話のデザイン

身体

自己の身体の「主人公」として，走るリズムを数えることで走に関係する身体各部（足の裏・ひじ・ひざ等）のはたらきを感じ取らせます。

仲間

コースごとのグループで感覚を共有しながら，他のグループの活動も見合う活動を通して，検証したり分析したりする活動を位置づけました。

内容

「歩く」と「走る」の差異や，その際に生じる身体各部の動きの変化をつかませます。その変化を歩数や感覚の違いとして注目させ，主活動のねらいをとらえやすくしました。

■ 単元の計画　全8時間計画

【単元の学習課題】

心地よいリズムで自分の走りを50mの空間に表現しよう！

時数	1	2	3	4	5	6	7	8
学習活動	50mの歩数計測 ・歩く／走る（軽く心地よく，全力）				設定秒数での計測 ・歩く／走る（心地よく，全力）			
	自分のリズムを見つけよう。				リズムを手がかりにした動きづくりをしよう。			

■ 活動の実際

時間	実際の活動（5時間目）
0分	○集合 　身体の感覚と対話しながら，今日のコンディションを確かめよう！ ＜歩いて50mの歩数を数える＞   いつもより3歩少ないぞ！　今日は調子がいいのかな？ なんか元気がない…あれっ，5歩も多い。 大丈夫？　もう1回やってみたら？ 秒数を設定し，そのタイムにあわせて走るよう，指示します。速かったり，遅かったりするので，自分の身体のどこのリズムを変えるか（腕やひじの振り・ひざの引き上げ・足の親指の蹴り出し・呼吸等）を意識させ，再度，取り組ませます。
4分	活動1：自分の体内時計を手がかりに10秒を測ろう！ 　・10秒経ったと思った時点でストップウォッチを止める。→感覚と実測のズレを確かめる。 　・25mまで10秒で走ってみる。ゆっくりのペースを基準に50mを何秒で走るか決めて，チャレンジ！  10秒，12秒…，よし，ゴール！ 活動2：どれだけ差があったかな？ 　身体のどこを意識してリズムを変えたら，ねらった時間で走れるのかな？    もう少し速いリズムでもいいぞ！ わたしはひじを速く振ってみようかな？ 私は呼吸を変えよう！ …ゴール！うん，いい感じ！
8分	○主活動の説明

（菅　香保）

16 3歩のリズムをみんなで感じよう！

チームになって，仲間と一緒に導入を行いました。
ハードルを身近に感じながら音楽にのって導入を行うことで，3歩のリズムが楽しく身についていきます！　音楽を使います！

■ 主体性を引き出す為のデザイン

4人1組のグループ活動を中心とし，音楽を使用して準備運動に楽しく取り組ませます。

導入からハードルを使用して楽しく活動を行うことで，恐怖心や苦手意識が和らぎます。仲間と一緒に取り組むことで対話的な活動が生まれます。

■ 対話のデザイン

身体

運動が苦手な子どももハードルを挟んで簡単な動作をしたり，倒してラダーのように活動したりすることで，怖がらずにハードルに向かうことができるようになります。3歩のリズムも仲間と一緒に行うことで，楽しく活動できるようになってきます。

仲間

単元を通して，グループで導入を行います。互いを近くで感じ，見合いながら行うことで，仲間意識が生まれ，互いの気づきを大切にする雰囲気ができてきます。

内容

ハードル走に必要な一連の動きや技術の要素が導入に組み込まれており，楽しみながら主運動へとスムーズな流れで学習活動を展開していくことができます。

■ 単元の計画　全6時間計画

【単元の学習課題】

仲間と互いの動きについて分析し合い，インターバルを一定のリズムで走り，滑らかにハードルを越えるようにしよう！

時数	1	2	3	4	5	6
学習活動	スリーアップ（ハードルストレッチ・ハードルラダー・心をつなぐ123ステップ）					
		ねらい1：3歩のリズムで走ろう。		ねらい2：インターバルを選択して走ろう。		記録会

■ 活動の実際

時間	実際の活動（2時間目）
0分	1時間目には，「3歩のリズムをみんなで感じよう！」という目標でこの単元の四人組のグループのメンバーと一緒に動いてみます。 2時間目以降は，グループごとに活動を進めます。
	活動1：ハードルストレッチ 【ゆっくりテンポの曲】 　互いに足を持ち合ったり肩に手をかけて支え合ったり，互いの両手首を引っ張ったり，股関節・もも伸ばし・肩・体側などのストレッチを行います。 仲間と一緒に，確認し合いながら，楽しいね！
2分	**活動2：ダイナミックストレッチ** 【少し速いテンポの曲】 　ハードルの高さより脚を高く振り上げるようにします。 音楽にあわせてみんなで「1，2，3！」リズムが取りやすいね！
4分	**活動3：ハードルラダー** 【少し速いテンポの曲】 　ハードルを倒し，仲間と一緒に互いを感じながらリズミカルに前後，左右にハードルの間を跳んだりします。 ハードルを倒してやってみよう！　恐怖心や遠慮がなくなるね！
6分	**活動4：心をつなぐ123ステップ** 【速いテンポの曲】 　123トンと声を掛け合い，仲間とリズムをあわせながら走ります。 手をつないで一緒にやろう！「1，2，3，トン！」
8分	○本時の学習　3歩のリズムで

（高橋いづみ）

17 仲間との"ちょうど良い"を感じる パシュートラン

　　リレーで重要なのは，適度な間隔をとり，相手とのリズムをあわせてバトンパスを行うことです。その導入として，スケート競技のパシュートのようなランニングを行います。次々と変わるリズムや仲間との距離感を味わわせることで，スムーズなバトンパスへとつなげていきます。

■ 主体性を引き出す為のデザイン

　　仲間の動きを真似して走る単純な動きの中で，次々に変わってくるリズムやお互いの距離感を楽しみながら感じ，仲間との"ちょうど良い"をつかめるような活動です。速さを競い合うわけではなく，一人ひとりのちょうどよい感じを楽しみながら，導入が展開できます。

■ 対話のデザイン

【身体】

　　いろいろな走りのリズムを感じ，走りの中で自分にとっての適度な距離感をつかみながら動くことができるようにしました。

【仲間】

　　一人ひとりのリズムが異なるので，仲間のさまざまなリズムを感じ，交流が生まれます。

【内容】

　　リズムや動きを感じとったり真似したりすることで，ちょうど良いタイミングを探しながら，ギリギリでバトンを渡す楽しさを感じることができるようにしました。

■ 単元の計画　全4時間計画

【単元の学習課題】

　　相手のリズムを感じながら，スムーズなバトンパスを目指そう！

時数	1	2	3	4
学習活動	パシュートラン	各グループでの応用パシュートラン		
	ねらい1：仲間のリズムにあわせてバトンパスをしよう。		ねらい2：トップスピードでバトンパスをしよう。	

■ 活動の実際

時間	実際の活動（2時間目）
0分	○集合・挨拶 **活動：パシュートラン**  最初はお話しながら，楽しくランニング！ 次は，どんなリズムで走る !? 先頭から最後尾へ！ グループごとに縦に並んで，先頭を交代しながらランニングをします。大事なことは，①リーダーのリズムにあわせ②適度な間隔を保つことです。応用編では，サイドステップで腕回しをしたり，股関節回しをしたりするなど，ランニングの中でダイナミックストレッチを行い，身体の感じを高めていきます。 腕を伸ばすことで，お互いの距離感をとれるようにしていきます。
5分	この距離，いい感じの距離だね！ 少しペースをあげてみようか !?  この動き楽しい！サイドステップでどこまで速く走れるかな !? 動きをそろえて，ちょうど良いを感じるために，人の動きを観察することも意識します。
10分	○バトンパスの説明

（田上　瑞恵）

18 心も体も笑顔もパッ！

「もぐる・浮く運動遊び」につながる，乗り物や生き物になりきって遊ぶさまざまな「まねっこ遊び」を導入で活用しました。ポイントは「パッ！」を合言葉に笑顔いっぱい，安心感満載の水遊びにしたことです。

■ 主体性を引き出す為のデザイン

一人ひとりの子どもが安心して運動にチャレンジできるよう，スモールステップを散りばめました。プールサイドで試してから水の中で行うという「場」，2人から増える「人数」，3秒から伸ばす「時間」等，できそうな場面設定をもとに，遊びながら自分達で工夫して運動に取り組めるようにしました。

■ 対話のデザイン

身体

運動能力に差異のある2人グループを構成し，手をつないだり，バブリングの様子を見合ったりし，身体と心をほぐしながら安心して楽しめるようにしました。

仲間

人数を変えて遊びながら，「見合う」「比べ合う」「話し合う」活動を取り入れました。

内容

友達と一緒に浮くことのおもしろさを感じながら，呼吸を身につけるという課題を明確にする活動としても位置づけ，心と体を主運動の前に準備できるようにしました。

■ 単元の計画　全10時間計画

【単元の学習課題】

もぐる・浮く動きを身につけて，四季が丘水族館で遊ぼう！

時数	1	2	3	4	5	6	7	8	9	10
学習活動	※ウォームアップゲーム 　いろいろな「パッ！」で遊ぼう！									
	ねらい1：水と仲よしになろう！ （まねっこ遊び，ごっこ遊びなど）					ねらい2：もぐる・浮く運動遊びを楽しもう！ （あざらし，ラッコ，いるか，輪くぐりなど）				

● 活動の実際

時間	実際の活動（7時間目）
0分	シャワーを終えた人から，曲のリズムにのって，列車の動きで小プールへ出発！ **プールサイドで** / **プールの中で** 大きな車輪をしっかり回そう！ エンジン全開だ！ / 連結するぞ！頭を入れて！ / 人数が増えると楽しいね！ / 水の中に頭が入ってる！ ○集合・バディ確認・挨拶 ○ウォームアップゲーム開始
3分	**活動1：いろいろな「パッ！」で遊ぼう！**（息をすったりとめたりはいたりする） **プールサイドで「パッ！」** / **プールの中で「パッ！」** バブリングからパッ！ こんな活動｜息継ぎの「パッ！」や手を「パッ！」と出して伸ばす，身体を「パッ！」と広げるなどの基本的な動きと音のおもしろさをつなげ，仲間と楽しみながら浮く遊びを創って楽しみます。 **活動2：いろいろな「パッ！」を創って遊ぼう！** 考えた遊びをまずは2人ずつでやってみて見合い，アドバイスを伝え合います。手のつなぎ方や広げ方をそれぞれが考えたやり方でやってみて比べながら，よりよい方法を見出します。それぞれのグループの遊びができたら，お気に入りの方法で何秒浮けるかみんなでチャレンジします。 コツは手をしっかりつなぐこと。でも力を入れすぎちゃだめだね！ / まずは2人でやってみよう！ / 見合う・比べる・話し合う / 四角の方が長く浮けるよ！ / 三角をつくろう！身体全身でパッと広がろう！
7分	○主運動の説明　　主運動開始 　3つのコースに分かれて，もぐる・浮くの運動遊びを楽しむ。 　ローテーションで，どのコースも経験できるようにする。

（松田　綾子）

19 「なんちゃってシンクロ」で踊ろう！

みんなと一緒にプール内で踊ります。また，音楽をかけた楽しい雰囲気の中で，もぐったり浮いたり，水中で移動したりします。プール内で楽しく身体を動かして心と体をほぐし，メインの学習につなげます。

■ 主体性を引き出す為のデザイン

子どもが楽しく活動し始めることができるように，音楽をかけて踊ったり，仲間と一緒に身体を動かしたりすることを取り入れました。また，水中で移動する・もぐる・浮く活動を取り入れ，これまで学んだことを生かしてメインの学習に取り組むことができるようにしました。

■ 対話のデザイン

身体

バブリングやボビングをして水中で息を吐くこと，いろいろな姿勢で浮くこと，水中で歩いたり回転したりすることによって，「呼吸」「浮力」「水の抵抗」といった水中と陸上の違いを身をもって感じることができるようにしました。

仲間

クラス全員で同じ振り付けで踊ったり，ペアで交互にもぐったり，同時に浮いたりする活動を取り入れました。

内容

水中で息を吐いたり，力を抜いて浮いたりする活動を取り入れると共に，前時までに試したもぐり方や浮き方を再度試す活動も取り入れ，メインの学習（いろいろなもぐり方や浮き方をすること・浮いて進むこと）に向けた導入になるようにしました。

■ 単元の計画　全8時間計画

【単元の学習目標】

いろいろなもぐり方・浮き方・進み方をしよう！

時数	1	2	3	4	5	6	7	8
学習活動	なんちゃってシンクロ							
	いろいろなもぐり方・浮き方をしよう。 ・自分オリジナルのもぐり方や浮き方を考えて試す。 ・友達が考えたもぐり方や浮き方を試す。				け伸びや初歩的な泳ぎで浮いて進もう。 ・浮いて進むための課題を見つける。 ・自己の課題の解決のための活動を選び，取り組む。			

■ 活動の実際

サビは定型の振り付け，サビ以外は教師が提示する運動課題に取り組ませます。

時間	実際の活動（3時間目）
0分	子どもがプール内に入ったら，音楽スタート！【曲：Rising Sun（EXILE）】 ①前奏　両手を広げて周りの友達との間隔を確認する。 　　　　間隔を確認したら両手を上げる。 
5分	

②サビ　全員で動きをあわせて踊る。
・右手（左手）を横に下ろす【4拍ずつ】
・両手を横（前）に下ろす【4拍ずつ】
・右回り（左回り）で回転【4拍ずつ】
・自分に水をかける【8拍】

> 動きをあわせて踊ろう！
> 手を広げて回転！水の中だと速く回れないね！

③水中ウォーキング
> みんなで一緒に歩こう！水中だと速く走れないね！

④バブリング＆ボビング 1
口，鼻，目，頭まで水の中に入れて息を吐く。
> 「ブー」水中で息を吐く。
> 「パッ！」顔を上げる。

⑤サビ

⑥バブリング＆ボビング 2
・もぐってジャンプ
・底を触ってジャンプ
・ペアと交互にジャンプ
> 手をつないで交互にジャンプ　タイミングよく入れ替わろう。

⑦もぐって回転
> 水中で手を広げて回転！水がじゃまで回りにくいね！

⑧サビ

⑨いろいろな姿勢で浮こう
だるま浮きや伏し浮き，背浮き，ペアと手をつないで浮くなど，いろいろな姿勢で浮く。
> 力を抜いて伏し浮き！
> 手をつないで浮こう！力を抜くとふたりとも浮くね！

⑩サビ

⑪自分オリジナルの浮き方をしよう
前時までに試した浮き方，友達が考えた浮き方など，曲が終わるまで，好きな浮き方で楽しむ。
> 前時に試した浮き方をしよう！
> 友達と肩組みだるま。

※使用する曲やサビの振り付けは，子どもの実態にあわせて変更してください。例えば，運動会で取り組んだ曲や振り付け，朝の会で歌う曲などを使用するとよいです。

※単元の後半では，「プールの底を蹴ってけ伸びをする」「ばた足泳ぎをする」など，け伸びや初歩的な泳ぎといった前時までに学習したことを運動課題として取り入れるとよいです。

（中嶋　悠貴）

20 自分のリズムを感じて！

　陸上での動きと，水中での動きを対比して体感することで，水中独自の「動き」や「感じ」を理解しやすくします。泳ぎで必要となるリズミカルな動きを陸上で経験してみることで，水泳運動特有の運動の魅力やおもしろさを経験しやすくします。

■ 主体性を引き出す為のデザイン

　水中と陸上では，同じ動きを行っても違った体感を味わいます。水中と陸上の体感の違いを感じることで，より水中での効率的な動きを見出すことにつながり，続けて長く泳ぐ楽しさを味わうことができるようになります。

■ 対話のデザイン

身体

　陸上と水中で同じ動きを経験し，動きの感じの違いを味わうことで，水に入った時に水の性質を強く実感することができ，水中で運動する感覚を身体そのもので強調して味わわせるようにしました。

仲間

　自分に合ったリズミカルな泳ぎを体得するために，自分のリズムと他者のリズムを比較します。一緒にリズムステップに取り組み，互いの感じと気づきを交流し，それにより，自分にとって無理のないリズムを理解し，水中での心地よいリズミカルな泳ぎにつなげていきました。

内容

　体育館で，ミニハードル，フラフープ，ケンステップを用いたリズムステップを経験します。
　繰り返しリズムステップに取り組み，陸上での軽快な感じを味わいながら，自己のリズムを感じ，身体との対話を行いました。

■ 単元の計画　全10時間計画

【単元の学習課題】

リズミカルに続けて長く泳ごう！

時数	1	2	3	4	5	6	7	8	9	10
学習活動	リズムステップで心地よいリズムを感じよう									
	水中の障害物を楽しく越えて，楽に身体を移動させる方法を見つけよう									
	自分に合ったリズムを感じながら，続けて長く泳ごう									

■ 活動の実際

時間	実際の活動（3時間目）
0分	活動：音楽がかかっている時間内に，繰り返しリズムステップに取り組む

リズムステップ
コースの例
・ミニハードル
・ケンステップ
・フラフープ

陸上なら，簡単だから気持ちいいリズムで走り越えられるよ。

水中だと身体の動きが鈍くなるんだ。
楽に身体を動かすには，どうすればいいのかな。

次は，ぼくと一緒に走ろうよ。一緒に走れば，同じリズムで走れるかな？よーいドン！

同時にスタートしてみよう。
よーいスタート！

相手にそろえようとすると，ステップの動きが，ぎこちなくなっちゃうよ。

あれ，なんだかステップの動きがそろわないよ。

今年のめあては，もっと長く泳げるようにすることなんだ。
どうしたらいいのかな。

泳いでいる時も，自分に合ったリズムを意識することが大切だね。

水中で身体を楽に動かす方法を見つければいいんじゃない。

5分	○プールサイドに移動する。

（平林　真一）

21 プールに入ったらスイッチオン！
心も体もウォーミングアップ！

シャワーに入った人から水に入り，水中を歩くことから水泳の授業がはじまります。水に入ったらウォーミングアップ開始！　動きの中から泳法につながる動きを発見することで，主運動で意識できるように促します。水の中での動きが自然と泳法につながるような授業をデザインしていきます。

■ 主体性を引き出す為のデザイン

非日常の空間である水の中での動きを自然に獲得できるように，まず水に入り，「動きから発見」することを大切にしました。歩いたり走ったり友達と追いかけっこをしたりする中で，泳法につながる動きが生まれるよう，意図して活動を進めていきます。子ども達が楽しんで活動し，自然と水に親しむ中で動きの感覚を養い，身体的な準備や知的な準備を促します。

■ 対話のデザイン

身体

水中で歩いたり走ったりしたり，水の流れに逆らって歩いたりすることで，水圧を身体で感じ，水中で運動する感覚を味わえるようにしました。

仲間

ペアで逃げる，追いかけるといった動きをすることで，どうすればより早く逃げられるのかを考える思考を育て，主運動の泳法につなげていきます。友達の動きを見て真似ることで動きをどんどん広げられるようにします。

内容

水の中を速く歩くために，クロールの上半身の動作をする子どもが出てきます。子ども達は，「速く進むためには腕のかきが大切だ」ということを，身をもって学びます。そこで学んだことが主運動のクロールの泳ぎ方につながり，知的な準備をもたらします。水の中での浮く感覚や平泳ぎの手のかき等，主運動につながる動きを計画的に進めていきます。

■ 単元の計画　全11時間計画

【単元の学習課題】自己の課題の解決方法を考えて取り組み，泳力を高めよう！

時数	1	2	3	4	5	6	7	8	9	10	11
学習活動	リズム水泳　（浮く，沈む等の感覚をもつ）										
	自分の力を試す時間										
		課題の解決の方法を知る				自分の課題にあわせて課題に取り組む時間					
						もてる力で自分の泳力を伸ばす時間					

■ 活動の実際

時間	実際の活動（7時間目）
0分	○集合・バディ確認 ○シャワーを浴びた人から，プールの浅いところから入水し，一方方向に歩行する。  水に慣れてきたら深いところにも行くよ！ 浅いところからゆっくり入ろう！
3分	水の中に入ったらリズム水泳でテンポよく水の中での感覚づくりをし，身体的な準備や知的な準備を促します。 活動1：流れるプールの中をペアでランニング鬼ごっこをする  主運動で生かそう！　クロールも腕を回すね！ 途中で反対回りにする 水に対して抵抗を減らす動き 手をかくと早く走れる！
5分	活動2：リズムダンスをしながら歩行する 　音楽にあわせて，「浮く」「沈む」「水圧を感じる」等，リズムにあわせてテンポよく動き，必然的に水に慣れる活動に取り組む。 
10分	○主運動の時間（課題別学習）

※高学年の水泳の時間は，短時間で水に慣れると共に，友達と共に泳法につながる気づきを促す活動を意図的に取り入れます。実感をもって「気づき」を得ることで，主運動での自己の泳ぎに生かそうとすることが期待されます。

（江原　美沙）

22 水中ならではの特別な感覚を全身で感じよう！

> 人の体は，水中に入ると，浮力，水圧，水温，抵抗という水の物理的特性の影響を受けます。まずは水を知り，感じて水中の心地よさを味わうことで，中心的な活動にスムーズに入ることができます。水中（羊水）から生まれる人間は，プールで本能的なリフレッシュも期待できます。水の特性を十分に感じさせましょう！

■ 主体性を引き出す為のデザイン

まずは水中ならではの特別な性質について理解を深めます。そのため，関連の深い理科などとタイアップしつつ，初回授業では，ICTなどを活用して視覚的な面から水の特性に触れます。そこで，子ども達が各自で設定した目標毎にグループに分けさせ（仲間，参照），メンバー内で水の特性を感じる方法（水慣れ）を話し合わせます。

■ 対話のデザイン

身体

首元まで浸水しての呼吸はしづらいこと，息を吸い込めば浮き，吐ききれば沈むこと，じっとしていると寒くなることや手のひらの形状を変えて水をかくことで重み（抵抗）が変わることを味わわせます。陸上と水中とで同じ動作を行い感じる抵抗を比較させ，水の特性を味わう身体への気づきを促します。

仲間

水泳授業のゴールを共有する仲間同士で，目標に対するアプローチ方法をアイデアとして出し合ったり，プール内での活動時に見合ったり，アドバイスをし合ったりするようにします。

内容

水の抵抗は空気の約800倍ですので，すべての目標達成につながる基礎技能として「抵抗にどのように対処するか？」は大切です。そこで，抵抗の変化を感じさせる内容や，うつ伏せ姿勢（伏し浮き）と仰向け姿勢（背浮き）で浮くことを毎回取り入れ，各種泳法や安全水泳の基礎技能の習得，ならびにその過程で生じる課題を解決する思考への接続を意図しました。

■ 単元の計画　全9時間計画

【単元の学習課題】　水の特性を知って，感じて，使いこなしてみよう！

時数	1	2	3	4	5	6	7	8	9
学習活動	ねらい1：気持ちよく泳げるクロールを身につけよう！ 　各自の考える「気持ちよく泳ぐクロール」をグループで共有し，それを身につけるための活動を話し合って，選択して，お互いに教え合いながら取り組む。 ねらい2：好きな泳法をみんなで楽しくブラッシュアップさせよう！ 　グループで定めた目標達成に向けて，泳法やその基礎練習を選択して取り組む。								

■ 活動の実際

時間	実際の活動（7時間目）
0分 ※導入前の活動	○体育館で集合・挨拶・グループ毎に本時の作戦会議 **活動1：話し合いの材料は，教師が予め「名称」，「目的」，「やり方」をまとめたシートとする。話がまとまったらプールへ移動する** 今日は何をやろう？　この練習の目的は○○だよ。　この動きはこうじゃない？
3分 ※導入	**活動2：いろいろな浮き方に取り組む。沈んだり回転したりもする** ○シャワーを浴びたらグループ毎に各コースに入水して開始。 さぁ，コース毎にはじめよう。　①　②　③ ①　うつ伏せ姿勢（どこが沈んでるか見合ってみよう） ②　仰向け姿勢（浮き具も使ってみよう） ③　仰向け姿勢（ペットボトルをおでこに乗せてバランスをとろう）
7分	**活動3：手の形を変えたり隊列をつくったりして，抵抗と推進力の関係を体感する**
10分 ※主運動	○主運動に取り組む。 　各コースでグループ毎に体育館で決めた本時に取り組む3つ内容を再度確認し，クロール練習，そしてグループの定めた練習を開始する。 　見学者も気づいたことを伝えるなど積極的に参加する。

（森山進一郎・上野　佳代）

23 「鬼ごっこするもののこの指と～まれ」
笑顔と笑いの鬼ごっこ！

「鬼遊び」につながる、逃げたり、追いかけたり、つかまえたりする競争のおもしろさを味わうことができるさまざまな「鬼ごっこ」を導入で活用しました。ポイントは、「遊び」の要素をふんだんに取りいれ、身体を動かすことに魅力を感じてやる気にさせることです！

■ 主体性を引き出す為のデザイン

「鬼遊び」につながり、一人ひとりの子どもが楽しく運動できるような「鬼ごっこ」を取り上げます。ペアから全員までできる「人数」、いろいろな鬼ごっこができる「場」、前後・左右に動くことができる「動作」等、友達と共に楽しみながら身体を動かしていくことができるようにしました。

■ 対話のデザイン

身体

それぞれの場面でワクワクどきどきと心が動くようにし、自らの心と体の状態を敏感に感じるように、「追いかける」、「逃げる」ことを楽しむ鬼ごっこにしました。

仲間

仲間からの受容性に注目し、ペアから小グループ、全体とさまざまな友達とかかわりが増やせるような鬼ごっこにしました。

内容

誰もが楽しめる鬼ごっこを、心と体を主活動の前に準備できるようにしました。そのためにさまざまな鬼ごっこを経験することで、動きや言葉で友達に伝えることができるようにしました。

■ 単元の計画　全5時間計画
【単元の学習課題】

チームで作戦を工夫して鬼遊びを楽しもう！

時数	1	2	3	4	5
学習活動	オリエンテーション	*鬼ごっこ① ・だるまさんがころんだ ・ウォーキング鬼	*鬼ごっこ② ・子とろ子とろ ・ネコとネズミ	*鬼ごっこ③ ・ところてん鬼 ・バナナ鬼	鬼遊び大会
		ねらい1：いろいろな鬼遊びをして楽しもう。		ねらい2：作戦をたてて鬼遊びを楽しもう。	

■ 活動の実際

時間	実際の活動（3時間目）
0分	体育館にきたら，前時までの鬼ごっこを工夫して楽しもう！（「だるまさんがころんだ」を「だるまさんのまねした」にしてバリエーションをふやす） はじめのはじめの第一歩！！　　だ～るまさんのま～ねした！　　だ～るまさんのま～ねした！　　うさぎ！　　イヌ！
1分	○集合・挨拶 ○鬼ごっこ開始 こんな活動　小グループに分かれて鬼ごっこをします。 　・活動1：子が肩に手をおき列をつくり，オニは子の列に向かい合い，一番後ろの子にタッチをします。 　・活動2：円形になって手をつなぎ1人がネズミになり，円の外のネコがネズミをタッチします。 両ゲームともにみんなで協力し合い楽しむことができる鬼ごっこです。 活動1：オニにタッチされないように子を守ろう！（子とろ子とろ） オニに一番後ろの子がタッチされないように子を守る。 （制限時間20秒：オニは順に変わる） ワンポイントアドバイス ・手を離さないように，オニやネコの動きをよく見て左右に動こう（活動1・2） ＊「追いかける」「逃げる」活動や友達とのかかわりが，メインの鬼遊びにつながります。
5分	活動2：ネコにつかまらないようネズミを守ろう！（ネコとネズミ） 円になって手をつなぐ。1人がビブスをつける（ネズミ役）。ネコ役は円の外にいてネズミをタッチする。手をつないだものはネズミがタッチされないように守る。
10分	○めあての確認　作戦タイム　　メインの鬼遊び開始

※各時間の最初に鬼ごっこを紹介し，単元進行に伴って鬼ごっこの種類を増やし準備段階の誰でも楽しめ，メインの鬼遊びのさまざまな動きや意欲喚起につながるような活動にしました。

（山﨑　功一）

24 伝承遊びでウォームアップ！

ベースボール型のゲームでは，どこまで進むか自分で判断できず，周りの声に頼っている……そんな声を耳にします。そこで，伝承遊びを体育の導入に取り入れました‼ メインゲームで必要になる「判断」を伝承遊びで自然と経験することができることがポイントです‼

■ 主体性を引き出す為のデザイン

全員が活動に主体的に参加し，心と体の準備をするために，次の２つの工夫をしました。１つ目は，失敗したり，負けたりしても「何度でも繰り返し挑戦できる」工夫，２つ目は，集団の中で「全員が自分の意思で行動して楽しめる」工夫です。

■ 対話のデザイン

身体

「だるまさんが転んだ」や「六むし」をすることで，自分で走ることや止まることを「判断」します。負けても繰り返し活動に参加でき，楽しむ中で自然と心が解き放たれます。

仲間

伝承遊びを楽しむ中で，自然と友達とコミュニケーションが生まれるようにしました。

内容

「自分でどこまで進むか判断する」ことを２つのゲームで経験できるようにし，心と体の準備を主運動前にできるようにしました。

■ 単元の計画　全５時間計画

【単元の学習課題】

個人の判断力を高めて，チームで勝利を目指そう！

時数	1	2	3	4	5
学習活動	※ウォームアップゲーム 　だるまさんが転んだ＆六むし				
	ねらい１：攻撃を工夫しよう。 　　　　（どこに投げる？　どこまで走る？）			ねらい２：守備を工夫しよう。 　　　　（どこを守る？）	

■活動の実際

時間	実際の活動（5時間目）
0分	○挨拶 ○ウォームアップゲーム開始 **活動1：だるまさんが転んだ** このままだと次の鬼だ… / よし，あと少し！ / だるまさんが… / 転んだ!! / 危なかった… / おっとっと 左の写真のように，全チームが同時に行います。「だるまさんが転んだ」を楽しむ中で，自然とダイナミックな動きが出てきて，体をほぐすことができます。また，止まったり，動いたりする活動は自然と心拍数を上げることにつながります。心と体は自然と準備OK!! **こんな活動** チームで「だるまさんが転んだ」をします。鬼に動いたことを指摘された人は，スタート位置から何度でも挑戦できます。鬼に最初にタッチした時に一番後ろにいた人が次の鬼となり，向きを変えてすぐにスタートします。負けても何度でも挑戦できるので，自分の判断で思い切って進む経験をすることができます。
3分	**活動2：六むし** よし，スタートだ！たくさん走るぞ!! / ジャンプしてよかった！危なかった！ / 今のうちに回り込んで走ろう!! / 今は鬼がいないからチャンス!! 鬼以外，自分のタイミングで走りだします。1分でもかなり体力を使います。時間を短めに設定したり，「3むし」を目標にしたりしてもよいでしょう。 **こんな活動** 鬼にボールを当てられずにどこまで走ることができるかを楽しみます。反対のゴールまで進めば，「半むし」。1往復できれば「1むし」です。鬼にボールを当てられたら，「0むし」からスタートです。鬼が少ないので，思い切って走ってみると，成功しやすい規則になっています。
5分	○学習課題の確認，メインゲームの開始

（花坂 未来）

25 「どこにうごけばよいかな？」ボールを前線に運ぼう！ウォームアップ・ゲーム！

ゴール型の競争課題である「ボールを前線へ運ぶこと」「ボールをゴールへ入れること」を味わうことができるウォームアップ・ゲームです。攻撃側が数的有利でコートプレイヤーが少ないアウトナンバーゲームに取り組み，子どもの意思決定を易しくします！！

■ 主体性を引き出す為のデザイン

「頭」を使って周りのプレイヤーの状況を判断して，どのようにボールを運ぶか意思決定することや，その意思決定したことを「体」を使って技能発揮することがメインゲームに生きます。そのことが，ウォームアップ・ゲームの必要感を実感して，主体性を引き出します。

■ 対話のデザイン

身体

パスのみで前線へボールを運ぶルールを設定し，スペースを見つけてパスを受けることに課題をクローズアップすることで，自己の動きに気づきやすくなります。

仲間

ゲームの人数を2対1，3対2と攻撃側が有利にしたことで状況判断が易しくなり，運動の苦手な子どもも参加しやすく，一人ひとりに役割があります。

内容

ゴール型の競争場面のおもしろさを実感しながら，メインゲームで必要な「状況を判断して意思決定する能力」や「ボール操作」，「ボールを持たないときの動き」が育まれるゲームを位置づけ，4人対4人の主運動（ハンドボール）に課題がつながります。

■ 単元の計画　全6時間計画

【単元の学習課題】

ゲームに必要な技能を発揮して，チームで連携してゲームをしよう！

時数	1	2	3	4	5	6
学習活動	※ウォームアップ・ゲーム① 　2対1：メインゲームのコートの縦半分			※ウォームアップ・ゲーム② 　3対2：メインゲームのコートの縦半分		
	ねらい1：ボールを前線へ運ぼう。 　　　　（ボールを持っていない時どうする？）			ねらい2：シュートを決めよう。 　　　　（いつシュートする？）		

■ 活動の実際

時間	実際の活動（4時間目）
0分	**活動：ウォームアップ・ゲーム開始** 校庭に集まった人から，前時までの動きを確認してウォームアップ・ゲームをする。    ボールに集まったら，ボールを前線に運べないんだよね！／相手のじゃまをするよ！／空いているスペースに動くよ！／パスをつないで運ぼう！ ボールを追い越す動きで，パスを前線へつなげよう！ 前時までの動きの確認から，パスを出したら，ボールを追い越してパスをもらいに行く動きが有効であることを確認しました。　  前に走るよ！／ゴールが見えたらシュート！ こんな活動　攻撃側の人数を多くして（3対2）ゲームをします。ボールを持っている人は動くことができません。ボールを持っていない人の動きが，ボールを前線に運ぶポイントになります。仲間と協力しながら頭と体をはたらかせてゲームをします。  パスをしたら前に走るよ！／パスをちょうだい！／パスをするよ！／シュートだ！ **ワンポイントアドバイス** 「ボールを持っていないときにどうすればよいかな？」と動きについて気づきを促すように発問をすると，ボールを持たないときにボールより前に走る動きや，コートを広く使う動きを仲間と共有することができます。
7分	○メインゲームの説明　メインゲームの開始 　・4人対4人のハンドボールに取り組む

※メインゲームとウォームアップ・ゲームの課題を「ボールを前線へ運ぶこと」「ボールをゴールへ入れること」に焦点化することで，一貫した学習展開をすることができます。

（石井　幸司）

26 連携プレイでウォームアップ！ラリーの続くやさしいゲーム

ネット型の学習における「チームの連携プレイによる簡易化されたゲーム」につながる授業の導入として，バウンドを認め「受ける」動きと「つなぐ」動きで行うゲーム1とキャッチを認め「打ち返す」動きに特化したゲーム2を紹介します。

■ 主体性を引き出す為のデザイン

場や規則を工夫して，チームの連携プレイによるラリーの続く易しいゲームを通して，導入の段階から，ボールがつながる楽しさや喜びを感じさせます。また，ゲームを楽しみながら準備運動をする中で，メインゲーム（チームの連携プレイによる簡易化されたゲーム）に必要な「受ける」「つなぐ」「打ち返す」動きを経験することができます。

■ 対話のデザイン

身体

キャッチやバウンドなどのルールを実態にあわせて工夫することで，運動の苦手な子どもも無理なく参加でき，自らの身体の状態を敏感に感じることができるゲームとしました。

仲間

1対1，2対2などの少ない人数から，戦術を深めることができるよう工夫しました。

内容

解決すべき課題を明確にする活動として位置づけ，相手が捕りにくいボールの返球やチームの連携プレイを学ぶ主運動につなげるようにしました。

■ 単元の計画　全6時間計画

【単元の学習課題】

受けて！　つないで！　打ち返せ！　ソフトバレーボールを楽しもう！

時数	1	2	3	4	5	6
学習活動	W－upゲーム1（ラリー型→攻防型）			W－upゲーム2（アタック型）		
	オリエンテーション ・学習計画 ・学び方 ・ルールについて 試しのゲーム （3対3）	ねらい1：チームでつないでゲームを楽しもう。 ○ゲーム1（3対3） ・作戦，チーム練習（円陣パス・席移動パスなど） ○ゲーム2（3対3）		ねらい2：相手コートのどこに打ち返す？チームで役割を決めてゲームを楽しもう。 ○ゲーム1（3対3） ・作戦，チーム練習（サーブ・アタック練習など） ○ゲーム2（3対3）		ねらい3：ソフトバレーボール大会をしよう。 ○単元の振り返り

■ 活動の実際

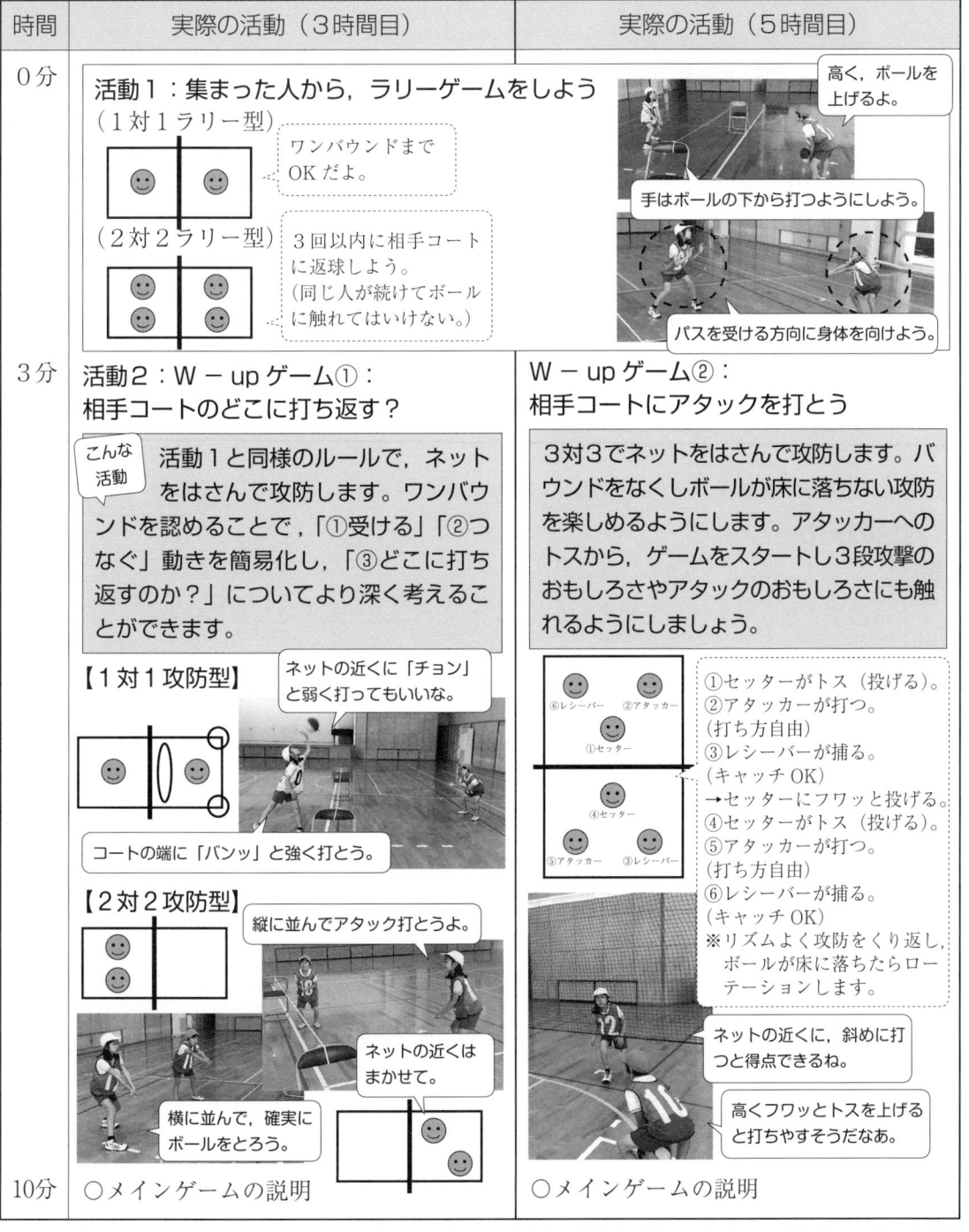

時間	実際の活動（3時間目）	実際の活動（5時間目）
0分	活動1：集まった人から，ラリーゲームをしよう （1対1ラリー型） ワンバウンドまでOKだよ。 （2対2ラリー型）3回以内に相手コートに返球しよう。（同じ人が続けてボールに触れてはいけない。） 高く，ボールを上げるよ。 手はボールの下から打つようにしよう。 パスを受ける方向に身体を向けよう。	
3分	活動2：W－up ゲーム①： 相手コートのどこに打ち返す？ こんな活動　活動1と同様のルールで，ネットをはさんで攻防します。ワンバウンドを認めることで，「①受ける」「②つなぐ」動きを簡易化し，「③どこに打ち返すのか？」についてより深く考えることができます。 【1対1攻防型】 ネットの近くに「チョン」と弱く打ってもいいな。 コートの端に「バンッ」と強く打とう。 【2対2攻防型】 縦に並んでアタック打とうよ。 ネットの近くはまかせて。 横に並んで，確実にボールをとろう。	W－up ゲーム②： 相手コートにアタックを打とう 3対3でネットをはさんで攻防します。バウンドをなくしボールが床に落ちない攻防を楽しめるようにします。アタッカーへのトスから，ゲームをスタートし3段攻撃のおもしろさやアタックのおもしろさにも触れるようにしましょう。 ⑥レシーバー ②アタッカー ①セッター ④セッター ⑤アタッカー ③レシーバー ①セッターがトス（投げる）。 ②アタッカーが打つ。（打ち方自由） ③レシーバーが捕る。（キャッチOK） →セッターにフワッと投げる。 ④セッターがトス（投げる）。 ⑤アタッカーが打つ。（打ち方自由） ⑥レシーバーが捕る。（キャッチOK） ※リズムよく攻防をくり返し，ボールが床に落ちたらローテーションします。 ネットの近くに，斜めに打つと得点できるね。 高くフワッとトスを上げると打ちやすそうだなあ。
10分	○メインゲームの説明	○メインゲームの説明

※単元前半はワンバウンドを認めることで，①受ける②つなぐ動きの学習を重視しました。子ども達の技能の高まりと共に，③打ち返す動きの学習に視点を置いたアタック中心のウォームアップゲームを行いました。

（福冨　健悟）

27 チームでつなごう！

子ども達に戦術を学ばせ，ゲームをするためのルールを選択させるシンプルな3対3のゲームで導入をします。

■ 主体性を引き出す為のデザイン

子ども達に3つの選択をさせることで主体性を引き出します。1つ目は，ボールの種類などの用具を選択させます。2つ目に，チームのルールを選択させます。例えば，ワンバンドでつなぐとか，ノーバウンドでつなぐとか，キャッチしてつなぐとか，ゲームのスタートは投げ上げ，アンダーハンドサーブなど，自分達にあったものを選択します。3つ目に，コートでのスペースの使い方となるセットアップ方法について選択をさせます。

■ 対話のデザイン

身体

子ども達はチームでルールを変えることによって技能差を超えて成功体験をし，ネット型ゲームの楽しさを感じることができます。

仲間

子ども達は，ゲームに使用する道具とゲームのルールを話し合い，チームで一丸となって役割を工夫しながらゲームに参加をします。

内容

主活動となるゲームの中で活用される技能や戦術を含む易しいゲームを経験する中で，思考と技能を繰り返し発揮して，それらの力を高めていきます。

■ 単元の計画　全8時間計画

【単元の学習課題】チームメートで協力して相手コートに強いボールを返す方法を探ろう！

時数	1	2	3	4	5	6	7	8
学習活動	協力してラリーをつなごう。 ・2対2 ・バウンドやキャッチOKなど，子ども達の実態に応じたゲームを提示する。				協力してラリーをつなごう。 ・3対3 ・子ども達が自分達でチームに応じたルールを決めてゲームをする。			
	相手コートに力強いボールで返球し，ボールを落とす場所を工夫することを探求する為に，仲間と協力し，自分の役割を探ろう！！				3段攻撃で攻めてポイントをゲットしよう！			

■ 活動の実際（6時間目）

ボールを選択するぞ！

①

どうすればチームとして成功し，満足できるかな!?

②

ルールを決めよう！ サーブはどうする？ バウンドでつなぐ？ キャッチも OK？

③

自分達にあったルールを決めよう！

> **こんな活動**
> 3人のチームでアンダーハンドサーブからスタートし，3回目をレシーブかトスかスパイクから選択して返します。境界となるネットをスパイクで超えることができれば1点です。相手チームはリターンすることはできません。また，もし，レシーブ―トス―スパイクの流れで相手コートに返すことができたならば，3点です。

ネットを超えるようにサーブをするか，投げ入れよう！どこからスタートしても OK!!

④

3回パスをつなぐようにするぞ！

⑤

3点をとるために3回ヒットしてネットを超えよう！

⑥

力をあわせて力強いボールで返そう！

⑦

はじいて返せば1点とれるぞ！

⑧

10点制でゲームをしよう！

⑨

> **活動中に使える気づきを促す発問**
> ・ボールをつなぐ3つのパスをする為にどこに移動すればいいでしょうか？
> ・なぜ，ネットに向かってボールを運びたいのでしょうか？

（Erin Squiers・Karen Richardson 訳・鈴木 直樹）

28 "やさしい" ゲームでウォームアップ！

メインゲームで味わっている競争のおもしろさを味わうことができるやさしいゲームをウォームアップゲームとして導入で活用しました。ポイントは，メインゲームで使う技術を使って，運動負荷をやさしく，意思決定をやさしくしたゲームをすることです！！

■ 主体性を引き出す為のデザイン

メインゲームで使う意思決定や技術を含む「やさしい」ゲームをウォーミングアップとして子ども達に経験させることで，無理なく，頭を働かせ，心を働かせ，身体を働かせてゲームに主体的に参加することができる準備をします。

■ 対話のデザイン

身体

ゲームに参加している実感をもつことができるようにし，自らの身体の状態を敏感に感じながら，技能差に関係なく楽しめるゲームとしました。

仲間

意思決定能力に注目し，仲間と協力して参加できる人数でゲームとルールの制限をしました。

内容

攻防が入り乱れた状況で，ゴールを競い合うおもしろさを感じつつ，解決すべき課題を明確にする活動としても位置づけ，心と体を主活動の前に準備できるようにしました。

■ 単元の計画　全8時間計画

【単元の学習課題】

攻防を関連づけて学習課題を設定し，協力して解決しよう！

時数	1	2	3	4	5	6	7	8
学習活動	※ウォームアップゲーム 　1対2：小スペース　　1対2：半面 ねらい1：守備を工夫してゲームをしよう。 　　　　　　　　　（どうやって守る？）				※ウォームアップゲーム 　2対2：全面　　　2対2：全面ゴール有 ねらい2：攻撃を工夫してゲームをしよう。 　　　　　　　　　（どうやって攻める？）			

■ 活動の実際

時間	実際の活動（7時間目）
0分	体育館に集まった人から，前時までの動きで楽しもう！ 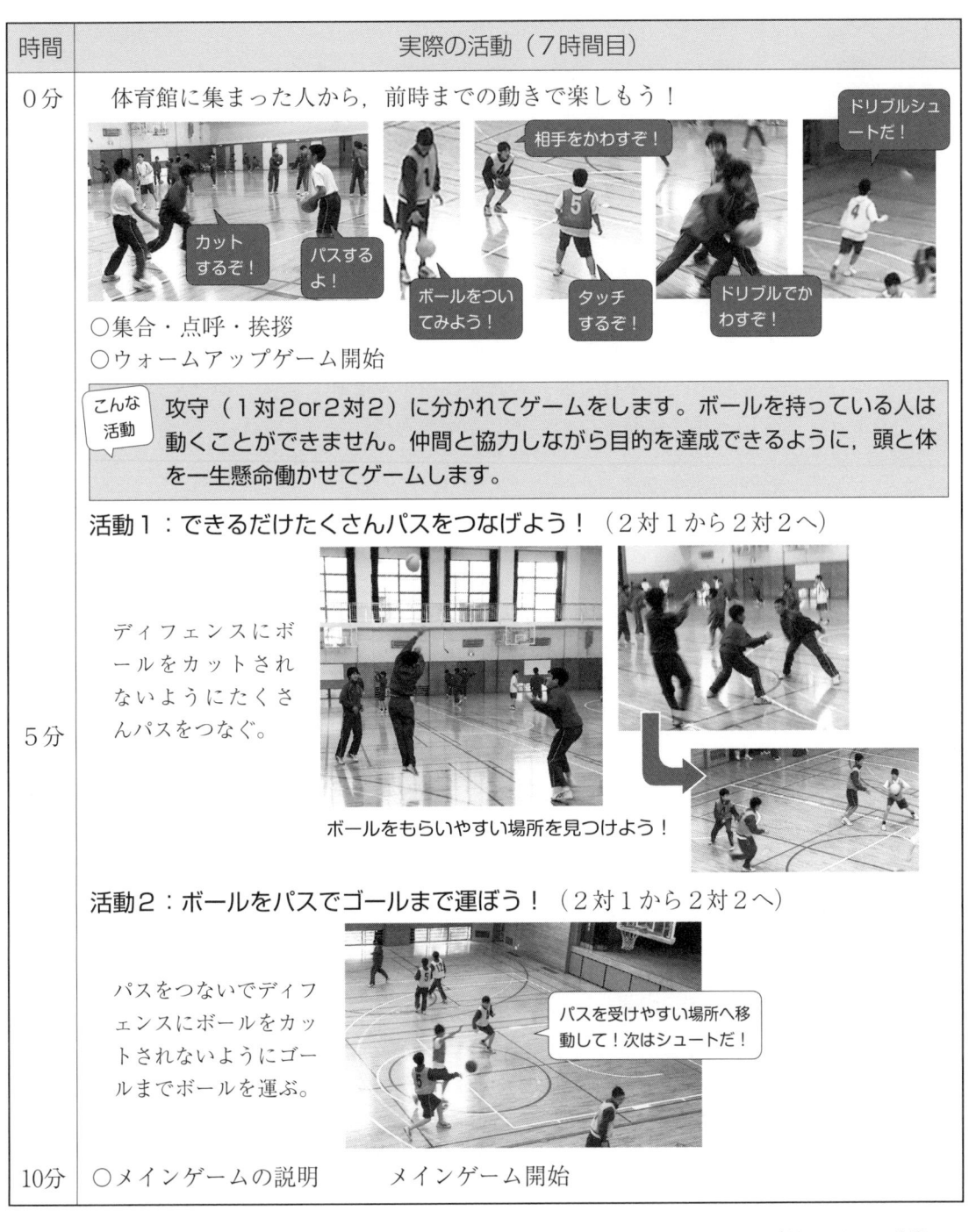 ○集合・点呼・挨拶 ○ウォームアップゲーム開始
	こんな活動 攻守（1対2or2対2）に分かれてゲームをします。ボールを持っている人は動くことができません。仲間と協力しながら目的を達成できるように，頭と体を一生懸命働かせてゲームします。
5分	活動1：できるだけたくさんパスをつなげよう！（2対1から2対2へ） ディフェンスにボールをカットされないようにたくさんパスをつなぐ。 ボールをもらいやすい場所を見つけよう！
	活動2：ボールをパスでゴールまで運ぼう！（2対1から2対2へ） パスをつないでディフェンスにボールをカットされないようにゴールまでボールを運ぶ。 パスを受けやすい場所へ移動して！次はシュートだ！
10分	○メインゲームの説明　　　メインゲーム開始

※単元の前半は，守備側の動きの学習を重視し，戦術的理解を促進する活動をウォームアップゲームとし，後半は，競争を楽しみながら攻防の切り替えを工夫することにつながる活動をウォームアップゲームとしました。

（大熊　誠二）

29 見て，感じて，やってミラー！

　根幹となる動きを準備運動に取り入れ，準備運動技から技能の練習ができます。また，運動の強度を徐々に上げることでウォームアップ，仲間と共に行うことで不安感が減りやる気も上がります。スキルアップ，ウォームアップ，モチベーションアップのスリーアップの実践。

■ 主体性を引き出す為のデザイン

　体育館の中に，ゆったりとした音楽が流れ始め，子ども達はバスケットボールをチェストパスのボールの持ち方で持ち，前を行く仲間の背中にボールを押し当て，ゆっくりと歩き始めます。このように，音楽と共に仲間を見て，感じる準備運動が始まります。

■ 対話のデザイン

　身体

　指先の感覚や体温の変化など，自分自身と対話しながらバスケットボールに向き合います。

　仲間

　見本の教師，身近な仲間を見て，感じながら行うことで不安感などが減り楽しみながら取り組めます。また，仲間と関わりながら行うことで互いを理解し，速くて無理なパスなどが減ります。

　単元は4人1組の少人数グループで行います。

　内容

　準備運動からボールに触れることで，ボールに親しみボールへの恐怖心がなくなり，ボールの特性が理解できるようになります。

■ 単元の計画　全8時間計画

【単元の学習課題】

・攻防の切り替えを意識し，攻撃と守備を瞬時に切り替えることができるようにしよう！

・個人の技能，チームの技能を理解し，その瞬間に応じた攻防ができるようになろう！

時数	1	2	3	4	5	6	7	8
学習活動	スリーアップ （ボール背中当てラン＆ウォーク，ボールを使ってやってミラー，心の中で1・2・3！）							
		ねらい1：ボールと仲間に慣れる。			ねらい2：仲間と共に攻防。集団での攻防を身につける。			

■ 活動の実際

時間	実際の活動（4時間目）
0分 1分	○集合・出欠席の確認・挨拶 ○スリーアップ開始

活動1：ボール背中当てラン＆ウォーク

　ボールを背中に当てながら，前後の仲間のことも感じながら行います。パスやボールのキャッチの練習にもなるので，突き指などのケガが減りました。

活動2：ボールを使ってやってミラー

　同じグループの中で二人組ずつに分かれます。向かい合いボールを片手でお互い挟んで保持します。そのまま相手の動きにあわせて自分も動きます。それによって守備の動きが身につきます。二人組の後，4人でも行います。

活動3：ボールを渡そう！

　1人1つボールを持って，背中合わせに円をつくります。その状態で足は動かさずに前後左右に上体を捻ったり曲げたりしてボールを渡し合います。

5分

活動4：心の中で1・2・3！

　グループで円になり，始めは声を合わせて「1，2，3！」の掛け声と共にボールを右回り，左回りに回し，相手のボールを取りに行く動作を身につけます。次に，3回その場でドリブルを行った後，隣の人のボールを取りに行きます。これによって，バウンドパスや相手のボールを取りに行く動作が身につきます。

活動5：輪になって「ドン！1，2」

　まず1回ボールを床につき「右足，左足」で足踏みを行い，左手でボールを持ち上げます。これによって，レイアップシュートの動作へとつなげます。

10分	・これらのスリーアップを行った後，展開部分へと移行していく。

（細目　忠男）

30 仲間とあわせる・仲間とずらす

> ラケットでシャトルを確実にとらえられるようにするための準備運動を組み立てました。ポイントはラケットの長さを感じたり，ラケットとシャトルの距離感をゲーム感覚でつかんでいけたりするような内容にしたことです。

■ 主体性を引き出す為のデザイン

ラケットを操作する技術，ラケットの面でシャトルをとらえる技術を確実に身につけられるようにスモールステップを意識した授業展開となるようにしました。誰もが「できた！」と成功体験を多く積むことができ，「楽しい！」と意欲的に活動に取り組めるように工夫しました。

■ 対話のデザイン

身体

二人組や四人組でお互いの身体に触れ合ったり，顔を見あわせながら活動したりすることで，心や体をほぐしていけるようにしました。

仲間

仲間に触れ合うことでお互いの息遣いを感じ，仲間の動きを見て動くという活動を取り入れることで，仲間同士でコミュニケーションを積極的に取り入れられるようにしました。

内容

ゲーム感覚で簡単な活動を取り入れ，子ども達がラケットの持ち方やお互いの立ち位置などに変化を加えていけるような内容にしました。

■ 単元の計画　全3時間計画

【単元の学習課題】

シャトルをよく見て，仲間とラリーを続けよう！

時数	1	2	3
学習活動	ウォームアップゲーム 　ランニング，「せーの！」でポン！		
	ねらい1：ラケット操作に慣れよう！	ねらい2：仲間とラリーを続けよう！	

■ 活動の実際

時間	実際の活動（２時間目）
0分 1分	○集合・点呼・挨拶 **活動１：ランニング** 　ラケットにシャトルを乗せた状態でチームごとに１列になり，シャトルが落ちないように息をあわせて先頭の人に続いて走り回ります。
3分	**活動２：「せーの！」でポン！** ※二人組で実施した後，四人組で実施します。
8分	○本時の課題　仲間とのラリーをつなげよう！

リズムをあわせて！

・ランニング
・スキップ
・サイドステップ

慣れてきたら
スピードアップ！

慣れてきたら円を広げてみよう！

①　両手を伸ばした状態で向かい合います（広がります）。

②　「せーの」と声をかけて，手に持ったシャトルを落とします。

③　右隣の人が落としたシャトルをラケットの面でキャッチします。

せーの！

キャッチ！

隣の人のシャトルをよく見て！

（青木香葉子）

31 なりきって動こう！ピタッと止まろう！

> 　思い切り身体を動かせる鬼ごっこ。相手にあわせて自分の動きを変えたり，ぶつからないように走ったりすることが大事です。氷鬼にすれば，子ども達が苦手で，経験が少ない「止まる」動きも体験できます。さらに，遊びながらいろいろな物にすぐなりきって動く活動は，表現運動に自然に向かわせる心も育てていきます。

■ 主体性を引き出す為のデザイン

　教師の問いかけに対して，自分で，自分の動きやポーズを見つけられるようになることが学びの中核です。遊び感覚で楽しく，多様な動きへと体験を広げ，お互いを肯定しあい，どんな動きも認めあえる学習集団の雰囲気を創るよう心がけました。

■ 対話のデザイン

身体

　自分の身体をいろいろ動かして，あまり体験したことのない動きに挑戦させ，動きの幅を広げると共に，身体がここまで動かせるという最大限の力を出し切る場面をつくります。

仲間

　氷鬼では，鬼をよく見て捕まらないように身体をかわしたり，周りの子とぶつからないように走ったりするよう促します。トントントン何の音では，友達の動きも見て，真似し合うことで動きの幅を広げます。

内容

　ものの動きのイメージをすぐに自分で動くようにします。跳ぶ，転がる，速く走る，捻るなど，できるだけ多様な動きとイメージを結ぶ体験ができるようにします。

■ 単元の計画　全4時間計画

【単元の学習課題】

　自分で動物を見つけ，なりきっていろいろな動きを楽しもう！

時数	1	2	3	4
学習活動	氷鬼＋トントントン何の音？			
	いろいろ動物	動物，どんな動き？	お友達と仲良し	動物ランドへ出発！

■ 活動の実際

時間	実際の活動（2時間目）
0分	○集合・挨拶 **活動1：いろいろ氷鬼** 　追いかけたり，追いかけられたり，鬼から逃げることで思い切り体育館中を走り回ります。広い場所を自分の好きなように使う体験をする場面です。 ワンポイントアドバイス 鬼に捕まったら，ポーズでピタッと止まることも表現の学習です。「止まるポーズをいろいろ工夫してみよう」と問いかけます。
3分	**活動2：教師「トントントン」 子ども「何の音？」 教師「○○の音」** 　教師の問いかけに，子どもが動きで答えます。教師が「小石が転がる音」と問うと，子どもは石のように小さく丸まって転がったりします。教師はリズムよく繰り返して，動きの質を変えていきます。四つ足で素早く走ったり（チーターなど），身体を捻じったり（ソフトクリームが溶ける！），大きく跳んだり（花火，噴水など）……いろいろな動きで「なりきる」ことを実感する時間です。 ワンポイントアドバイス 子どもを楽しく遊ばせながら，教師はイメージにあわせて，身体の使い方が多様に変わるように声をかけていきます。
10分	○今日の活動　動物，どんな動き？

ピタッと止まれているね。鳥みたい！

ほら，こんなに手を伸ばしても止まれるよ

速い動物が走る音

ソフトクリームが溶けていく音

花火の音

風の音

いろんな動物の音

溶けちゃうようドロドロだぁ～

パチパチパチ！ねずみ花火！

風で木がゆれるよ

北風さむーい

チーターだよ

なりきる動きは次の学習へのステップです。

（栗原　知子）

32 ８４２１魔法のリズム
―だんだん早くなるリズムの変化を楽しもう！

「ダンス」に苦手意識のある子どもでも取り組みやすいよう，準備運動のような動きからリズムに乗せてはじめると，安心して取り組めます。さらに，子ども達が好きで耳慣れた音をかければ，子どもは元気に歌いながら踊ります。

■ 主体性を引き出す為のデザイン

　体育の授業でよく行われている準備運動の動きをそのままリズムに乗せてはじめます。例えば，膝の屈伸や，前後屈など。どんな動きでもリズムを変化させて，繰り返すとダンスになることを体験できます。慣れてきたら，簡単なグループオリジナルの部分を入れることで，思いついたらすぐ即興的に動くことを学び，自信をもって自分の動きが提案できメインの活動に入ることができます。

■ 対話のデザイン

身体

　のびのびと大きく動いて表現できる身体になるために，手足を遠くまで伸ばす，高いときは高く，低いときは低くと，実際にその動きを動きながら「からだのぎりぎりってどんな感じ？」と声掛けをし，身体の内側に神経を向けさせました。

仲間

　全員で円をつくって踊りました。教師は円の真ん中で，いろいろな方向を向いて子ども達を見守り，子ども達同士も顔を見あわせ，だんだん笑顔になります。一緒に弾むことで，息遣いまであってきて，全員が一体となって踊ることで，お互いを受容しあうことができます。

内容

　だんだん早くなるリズムの変化を簡単な動きで楽しみながら学びます。また，オリジナルの動きをグループで工夫して発表することで，仲間の提案した動きをすぐに動いてみる，という積極的に相手の提案を受け入れあうことを学びます。

■ 単元の計画　全４時間計画

【単元の学習課題】　仲間の表現を認め合いながら，リズムに乗って大きく身体を動かそう！

時数	1	2	3	4
学習活動	ダンスウォームアップ 「８４２１魔法のリズム」	ダンスウォームアップ 「８４２１のリズムで 　　　―私たちの動きをみつけよう」		
	ねらい1：だんだん早くなるリズムの変化を楽しもう！	ねらい2：オリジナルの動きを加え，だんだん早くなるリズムの変化を楽しもう！		

■ 活動の実際

時間	実際の活動（1時間目）
0分 2分	○集合・点呼・挨拶 ○目標と約束，流れを確認する。 　目標は見えるように掲示します。 ○８４２１魔法のリズム **活動：先生と一緒に動いてみよう！** 　その場で，座ったまま手を上に挙げて８回叩く，膝を８回叩く，４回，２回・１回とリズムを体験する。このリズムで，いろんな動きをやってみよう。 **ワンポイントアドバイス　「こう動きなさい！ではなく，どうなるかな？」** 「この動きは８４２１のリズムでどうなるかな？」と問いながら一緒に動きます。すぐに次の動きにいかず，間はランニングや弾んでリズムを取るなどでつないでおきます。子どもの様子を見ながら，上と下で拍手・アキレス腱伸ばし・エアロビ風・サイドステップ・前後に歩く・スポーツの動きなど，先生のヒントでいろいろな動きを試してみます。

目標３つ
① 恥ずかしがらないで堂々と
② 思いきり身体を動かそう
③ 友達の個性や表現を認め合おう

先生の動きを真似するところからはじめます。楽しそうに元気に動くと，お互いに顔や動きが見えるので，子ども達みんなに伝わっていく感じがしました。

時間	実際の活動（2時間目）
0分 7分	○集合・挨拶 **活動：1番は先生と一緒に，2番はグループでオリジナルの動きで踊ってみよう！** **ワンポイントアドバイス** サビの部分は動きを決めても楽しいです。 本時の活動　（♪ U.S.A／DA　PUMP）

こんな風に伸びるのもいいんじゃない

浮かばなかったら，屈伸でもいいよ！

その動きおもしろいね！やってみよう！

どこまで伸びてる？精一杯かな？

（青山　慎二）

33 いろいろな曲の世界を楽しもう ──聞いたらぱっと

　創造が膨らむいろいろなリズムの曲が次々と流れるウォームアップです。仲間と関わり合いながら自由に動くことの楽しさを味わうことができるだけでなく，誰もがリーダーになり，友達の動きを真似したり，自分から動きを提案したりして交流します。

■ 主体性を引き出す為のデザイン

　初めはまず教師と共に音楽にあわせて動くことで安心して活動することができます。その中で，リズムにあわせて動くことの心地よさを味わいます。その後，リーダーに続けのときには，友達の動きを真似するだけでなく，自分から動きを提案します。

■ 対話のデザイン

身体

　教師と一緒に動くことで，自分から動くことが苦手な子でも見て真似して楽しく動くことができます。また，繰り返して行うことにより，どんなリズムの時に自分の身体がどんな風に反応するかを味わいながら，好きな動きを見つけることができます。

仲間

　誰もがリーダーになり，真似し合うことで，動きによる対話になります。さらに，真似をすることで自分では思い浮かばないような動きを経験し，真似されることにより仲間に無条件に認められるという経験にもなります。

内容

　リズムが変わると，動く感じも違うことを味わいます。即興的に動いて提案し，その動きを受け入れて仲間と共有しあう体験は，表現運動で提案し受容しあう学習を支えます。

■ 単元の計画　全6時間計画

【単元の学習課題】

　いろいろなリズムを感じながら，メリハリをつけてひとまとまりの作品をつくろう！

時数	1	2	3	4	5	6
学習活動	いろいろリズム　先生と一緒に	いろいろリズム　リーダーに続け		ひょっこりひょうたん島　8421などのウォームアップ		
	ねらい1：メリハリをつけて即興的に表現しよう。			ねらい2：ひとまとまりの作品をつくろう。		

● 活動の実際

時間	実際の活動（1時間目）
0分 3分	○集合・挨拶・めあてを確認 **活動：「いろいろリズム」開始** 　教師の動きを真似しながら一緒にリズムに乗って動く。好きに動ける子どもは，自分の思ったように動いてもよい。 ワンポイントアドバイス 子どもの良い動きを見つけて教師も真似をして動く。 いいね。みんなで真似してみよう。 ワンポイントアドバイス まずはみんなで座って上半身を動かしながら音楽を聴く。「どんな時に聞こえる？波みたい？　ジャングル？」など問いかけ，イメージを湧かせる。
8分	○本時の課題

時間	実際の活動（3時間目）
0分 3分	○集合・挨拶・めあてを確認 **活動：「いろいろリズム」開始** 　グループで順番を決めて，先頭のリーダーの動きをまねしながら列になって動く。 　曲が変わったら，先頭のリーダーは後ろに回り，2番目の人がリーダーになる。 ワンポイントアドバイス 何にも浮かばなくて困ったら，先生と一緒にやった動きを思い出してね。 盆踊りみたいだな 隣を伴走しながら声掛け「いいね！もっと元気に！」
8分	○本時の課題

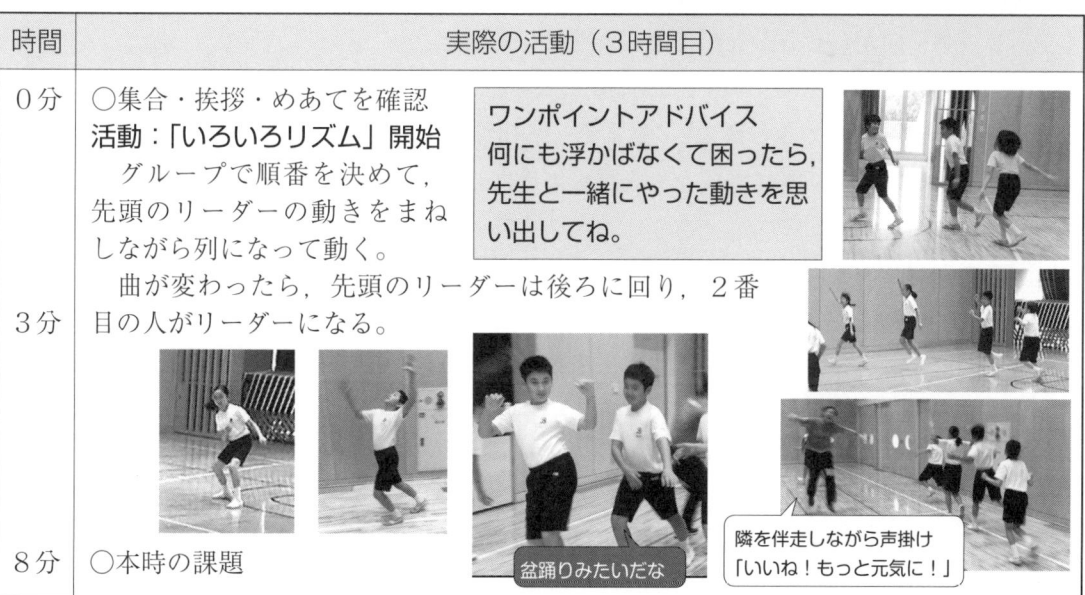

「これからの時代に求められる資質・能力を育成するための体育科学習指導の研究」公益社団法人　日本教材文化研究財団　「いろいろりずむ」（添付CD）

（村松　知香）

34 「ぎゅっと―ぱっと」の感じで遊ぼう ―群の課題「集まる―跳び散る」の前に

仲間と一緒に簡単な動きを繰り返すことで，お互いの動く感じを共感しあうことができます。そして，次に続く「今日学ぶ課題『集まる―跳び散る』」に抵抗なくつなぐための導入です。

■ 主体性を引き出す為のデザイン

仲間と共に，走ったり跳んだりという日常的な動作を繰り返すことで，踊ることへの抵抗感を下げ，安心して精一杯の動きができるようにします。大きく動くことに慣れた後は，主体的に自分なりの跳び方を工夫したり，いつもと違う仲間とアイデアを分かち合います。

■ 対話のデザイン

身体

「精一杯」を体感できるよう，「全力で走ってから力を入れて急停止」や「力をためてから思い切りジャンプ」を含んだ一連の動きにしました。

仲間

輪をつくることにより，仲間の様子がよく見え安心して活動できると同時に，取りこぼしなく全員を活動に向かわせることができるようにしました。

内容

"走る―止まる" "ためる―跳ぶ" "集まる―跳び散る" などダンス創作する上で核となる動きを含み，その後の主活動に抵抗なく入れるようにしました。

■ 単元の計画　全8時間計画

【単元の学習課題】

仲間と共に，思いついたイメージを動きで精一杯表現しよう！

時数	1	2	3	4	5	6	7	8
学習活動	ダンスウォームアップ　決まったメンバーと：跳び散った後正面の壁にタッチして再び集まる。				ダンスウォームアップ　違うメンバーで：跳び散った後，太鼓の音の数だけ人数を集めて。			
	ねらい1：動きに慣れて大きく踊ろう。		ねらい2：跳び方を工夫しよう。		ねらい3：誰と組んでも楽しく精一杯踊ろう。			

■ 活動の実際

時間	実際の活動（2時間目）
0分 1分	○集合・点呼・挨拶 ○導入開始

こんな活動　3～6人程度で輪になって踊ります。特に難しい動きが入っているわけではないので，初めてダンスに取り組む生徒でも楽しく踊れ，その後のメインの学習に抵抗なくつなげることができます。

活動1：決まったメンバーと思い切り踊ろう

お尻はつかないよ

跳ぶまでは仲間の手を離さないでね

①グループのメンバーで手をつなぎ内向きの輪をつくってしゃがんだところからスタート
②膝とお尻を左右に振りながら徐々に立ち上がる（8カウント）
③右に向かって全速力で走って（4カウント）ピタッと急停止（4カウント）
左に向かって全速力で走って（4カウント）急停止（4カウント）
④中心に集まる（4カウント）手を離して外に向かって思い切り跳び散る（4カウント）
⑤急いで正面の壁にタッチしてから元のメンバーを探して集まったらしゃがむ。
その後①～⑤の繰り返し。

力を入れて急停止

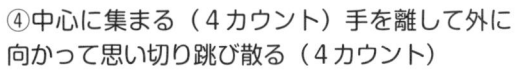

うんとエネルギーをためて！

高く遠くに跳び散ろう！

活動2：いろいろな跳び方してみよう
　思い切りのジャンプが出来るようになったら，次はいろいろなジャンプができるようになろう。身体を小さく丸めて跳んだり，とび蹴りみたいに脚を動かすことも出来るね。

活動3：太鼓の音の数だけ人数を集めて，いろいろな人と出会おう
　太鼓の音の数がわかったら近くの人と手をつないで，そろったらその場にしゃがもう。割り切れなかったらプラス1人までOK。迷っている人がいたら呼んであげてね。

5分	○本日の課題の説明

（熊谷　昌子）

35 からだを捻じるってどんな感じ？ ―運動課題「捻じる―回る―見る」の前に

> このダンス単元では，その日にやる「課題の動き」を導入に取り入れて行います。そうすると，主活動に入る時に動く感覚をつかんでいるので，スムーズに動けます。また，普段はあまり意識したことがないので，仲間の力を借りることで，身体のいろいろな部分を捻じってみるよう意識させるようにしました。

■ 主体性を引き出す為のデザイン

手をつなぐことで動きが制限され，1人では体験したことのない部分まで伸びたり曲がったり捻じったりします。その身体の感覚が，1人で動く時にも活きてきます。また，捻じり方や絡まり方を，隣の人と高さを変えられる？ 等の問いかけで，動きながら工夫させます。

■ 対話のデザイン

身体

手をつなぎながら動くことで，引っ張り合いながら捻じったり，捻じりながら伸びるなど，普段は使わない身体の部分や動きへの気づきができるようにしました。

仲間

ひとながれの中で一番楽しいのは，仲間と手をつなぎ絡まって自分の身体が変わる部分です。人数が増えるほどおもしろく，あまり考えなくても複雑に捻じる形を楽しめるようにしました。

内容

身体を捻じると一気に，形が直線的平面的でなく，奥行きと複雑さが増します。ウォームアップの中で仲間と関わりながら自然に体験できるので，動いた感覚が主運動につながります。

■ 単元の計画　全22時間計画（1，2学期）

【単元の学習課題】　イメージにふさわしい動きを見つけよう！

時数	1学期（11時間）	2学期（11時間）
学習活動	ダンスウォームアップ　先生の真似をして　二人組で／円で／ゲームのように　　ねらい1：リズムに乗って楽しく　　仲間と関わって。	ダンスウォームアップ　フォークダンスとその変形　空間を使って／ミラーリング　※捻って絡まって　　ねらい2：仲間と関わって　　自分から動きをみつけよう。

■ 活動の実際

時間	実際の活動（16時間目）
0分	体育館に来た人から整列 ○集合・点呼・挨拶 ○今日のウォームアップ 　五人組をつくる。円になって手をつなぐ
1分	**活動1：ひとながれの動きを動こう！**

> **ワンポイントアドバイス**
> すべて円で手をつないだまま行います。
> ②の時は，足をあまり動かさずに捻じる。
> ④の時は，移動をしながら絡まる。
> 捻じる時は，「隣の人と高さや向きを変えよう」が有効です！

ひとながれの動き

① 右へギャロップ　左へギャロップ
② ゆっくり捻じる　ゆっくり捻じる
③ 中心に小さく集まる　めいっぱい大きく広がる
④ 手をつないだまま絡まる　手を離して回りながらジャンプ

小さく集まる

ゆっくり捻じる

大きく広がる

みんなで絡まる

　このひとながれを繰り返す。1回目が終わったら，スキップで自由に移動。先生の合図で，指定された人数で集まる。できたところは，手をつないでその場でジャンプしながら待つ。1回目は，五人組。2回目は，七人組。3回目は，十人組。だんだん人数が増えていく。

| 5分 | **活動2：曲にあわせて動こう！** |

> **ワンポイントアドバイス**
> 時間に余裕があれば，クラス全員で絡まるのもおもしろい！

| 10分 | ○今日の課題の説明 |

※ダンスの導入部分では，子ども達が新鮮な気持ちで取り組めるように，毎時間違うものを用意するようにしています。そして，必ず仲間と関わりを持たせ，短い時間で心も体も弾ませることがねらいです。

（藤田久美子）

36 からだとこころの構えをつくる

> 武道独特のからだの使い方や安全に関わる技能を高める運動をウォーミングアップに盛り込み，仲間と関わりながらからだとこころの準備をする実践を紹介します。

■ 主体性を引き出す為のデザイン

　柔道は子ども達の安全管理に一層の注意が必要となるため，教師主導の管理的な授業に陥りがちです。そこで本実践では，ウォームアップの段階から子どもが主体的に運動に取り組み，柔道に必要な動きの基礎や安全に関わる技能，心構えについて子どもが自ら考えて取り組むことができる導入を試みました。教師が指示を出すのではなく，音楽をきっかけにグループごとのペースで進めます。

■ 対話のデザイン

身体

　力いっぱい道着をつかむ，引く・引かれる，押す・押される，背負う・背負われるなど，柔道で発揮される身体運動は，日常生活ではなかなか見られないものです。また，これらの運動は相手無しには経験することができません。柔道の時間では，導入から相手とからだを触れ合い，互いの力を常に感じながら，運動アナロゴンを積み重ねていけるようにしました。

仲間

　自他共栄の精神や相手にあわせて攻防を展開するという柔道の特性を考慮し，「相手を動かす・相手とあわせる・相手の力を借りる」経験をグループの多様な仲間と共有しながら運動できるようにしました。初めは固定のペアからスタートしますが，単元が進むにつれていろいろな仲間とペアを組み，その仲間とあわせられるようにしていきます。

内容

　進退動作の基礎として「なんば・すり足・継ぎ足・歩み足」，からだの感覚・基礎体力づくりとして「押し合い・引き合い・トンネルくぐり・サイクル・おんぶウォーク」，受身の基礎として「ペア受身」を内容として取り上げました。単元が進むにつれて，内容の難易度を実際の運動に近づけ，より本格的な動きを体験できるようにしました。

■ 単元の計画　全14時間計画

【単元の学習課題】　柔道の「道」の考え方を味わい，心と体を有効に働かせる方法を考えよう！

時数	1	2	3	4	5	6	7	8	9	10	11	12	13	14
学習活動	柔道スリーアップ①						柔道スリーアップ②							
	礼法・基本動作・受身						安全な組み受身				得意技発表会		簡易試合単元のまとめ	
			抑え技の探究・乱取						投げ技の探究					

■ 活動の実際

時間	実際の活動（3時間目）

0分
○集合・挨拶
○本時の課題確認・スリーアップ

2分
活動1：すり足ウォーク　前に！後ろに！
　ペアと組み合って動きをあわせながら畳の周りを歩きます。前進・後進は歩み足，横移動は継ぎ足ですり足を意識して移動します。前進するときは自分がリード。後進するときは相手にあわせて動きます。

3分
活動2：お茶中道場　2人の力で！みんなの力で！

なんばの動きで1，2，1，2！の動きをあわせて！

ペアで押し合う　　ペアで引き合う　　トンネルくぐり　　みんなで引き合う

相手とバランスをとりながら力一杯って難しい！

這って移動はけっこう大変！腕を上手く使わなきゃ！

力一杯！でもバランスも大事！できるかな？

手と足で身体を支えてトンネルに！くぐる動きも固め技の攻防につながるね！

力も息もあわせてお互いを感じながらやろうね！

6分
　ペアやグループでさまざまな運動感覚を耕します。

体幹サイクル　　　　おんぶウォーク

どこに力をいれてる？目線は？受身につながるね！

どこに乗せると安定する？

受身は柔道の基本！毎時間子ども同士で高め合います！　目線は？手の角度は？　タイミングは？

あごを引いて，身体の真ん中に力を入れて足を曲げ伸ばし！頭を守ります！

しっかり腰に乗せる！

7分
活動3：ミラー受身（受身の基礎・足の伸展動作）
　お互いの動きを鏡になったつもりで見てあげる。毎回お互いに訊き合うことが大切です。足はしっかり伸びているかな？　1回目は長座から。2回目は蹲踞の姿勢で相手に押してもらって受身をとろう！

手の角度はこのくらい？できているか見てね！

10分
○本時の課題

（佐藤　吉高）

おわりにかえて

　私が実際に行っていた体育授業での「導入の場面」での出来事です。私の体育授業では，子ども達がグラウンドに出てきたら，どんな単元の授業であっても，まずは個人個人でグラウンドを3周走り，全員が走り終えたところで体育係が指示役となり，全員そろって大きな声を出しながら準備体操を行うことが，授業前の「約束事」でした。集合整列がきれいに整っている規律のある集団，元気よく声を出しながら準備運動に取り組んでいる姿に，私自身はよい授業の導入だと自負している部分でもありました。

　この「約束事」を決めていたのは，これから展開される主運動や，子どもが楽しみにしているメインゲームの時間を一秒でも長く確保してあげたいという子どもに寄り添った親心にも似た想いのつもりでした。

　別の日の体育授業でした。集まってくる子ども達に対して「今日は，最初に説明をするから，走らなくていいよ」と伝えた時に，「やった！　今日は走らなくていいって！」，「えっ!?　そうなの？　ラッキー！　じゃあ，早くゲームしようよ！」。子ども達のこの言葉を聞いた時，自分が子ども達の成長や主運動につながると信じて行ってきた「準備運動の価値」や「体育授業観」が揺らいだ瞬間でした。私がよかれと思って実施してきた準備運動が，子ども達の学びを深めるどころか，逆に「運動に対する気持ち」に，マイナスの影響を与えていたのかもしれないと感じたからです。私はこのことに，強い悲壮感を感じました。そして，それ以降，体育授業の導入場面では，「集まったら走って体操」というような形骸化した準備運動を行うことはやめました。

　静的なストレッチは，運動場面においてのパフォーマンスを低下させてしまうことは，本書でも触れてきましたが，従前から実施されてきた準備運動を行うことで，怪我発生のリスクを低くさせる効果を否定する訳ではありません。しかし，学校体育において，子ども達を運動と対峙させる時，形骸化した無味乾燥な準備運動を行うことで，子ども達の「運動に向かう心が怪我」をしている危険性にも，目を向けるべきだと考えます。本書で展開してきた「ウォームアップゲーム」等の導入場面の転換は，その心の怪我に対する大きな処方箋となるのではないでしょうか？

　授業における導入場面での工夫は，体育授業に限らず他の教科でも，大切にされていると考えます。だからこそ，体育授業で神話的に用いられている準備運動にも，より高次な価値を見出していかなくてはならないと考えます。昔からあるような「体育授業では活動を行う前に準備運動を行うことが当たり前である」という当たり前を再考することで，より高次な価値を生み出すことが出来るはずですし，子ども達の「主体的・対話的で深い学び」の構築を生み出すことができるのではないでしょうか。

　現状では，準備運動を行うことが子どもに怪我をさせてしまった時の保険として実施しているような意味合いも強いように感じています。しかし，それと同時に，子ども達の「運動に対する期待感」や，これから展開される「主運動との乖離」が起こってしまっていることにも，今一度目を向けるべきだと考えます。

　体育授業で，子ども達に怪我を負わせたいと思う教師は絶対に存在しません。このことは声を大にして断言できます。だからこそ，子ども達の運動に向かう心に怪我をさせてしまっているかもしれない「形骸化した準備運動」を，より教育的価値のある「導入」に転換していくことが求められるのです。

　本書では，批判的思考を伴いながら展開しましたが，現在の素晴らしい体育授業のすべてを否定するものではありません。「形骸化した準備運動」に対する危うさと，今後の「導入場面」の可能性について，我々の意を汲んでいただき，いろいろな場面でお力添えを頂きました明治図書の木村様には心より感謝しております。

　本書が，子ども達の運動に向かう気持ちに寄り添い，主体的に生涯スポーツに向かう子ども達を育んでいく体育授業の手掛かりになる事を願います。

　2019年3月

編著者代表　大熊　誠二

【執筆者一覧】（執筆順・3月執筆時）

鈴木　直樹　東京学芸大学准教授

中村なおみ　東海大学教授

鈴木　一成　愛知教育大学准教授

菅原　知昭　新潟県新潟市立沼垂小学校

新井　康平　神奈川県相模原市立田名小学校

Kerri L. Smith
　　　　Newman Elementary School, Needhoom, MA.

Deborah Sheehy
　　　　ブリッジウォーター州立大学教授

佐藤　哲也　東京都荒川区立第五峡田小学校

川村　幸久　大阪府大阪市立堀江小学校

君和田雅子　お茶の水女子大学附属中学校

辻　　真弘　愛知県名古屋市立なごや小学校

池田　　潤　北海道北見市立緑小学校教頭

村上　雅之　北海道札幌市立北九条小学校

齋藤　秀章　東京都江戸川区立平井小学校

石川　安彦　東京都町田市立つくし野中学校

永末　大輔　千葉大学教育学部附属小学校

小林　治雄　新潟県新潟市立山田小学校

大塚　　圭　埼玉県鴻巣市立赤見台第一小学校

菅　　香保　自由の森学園中学高等学校

高橋いづみ　東京都町田市立つくし野中学校

田上　瑞恵　東京都北区立桐ケ丘中学校

松田　綾子　広島県廿日市市立四季が丘小学校

中嶋　悠貴　愛知県名古屋市立鶴舞小学校

平林　真一　東京都杉並区立高井戸東小学校

江原　美沙　東京都港区立赤羽小学校

森山進一郎　東京学芸大学准教授

上野　佳代　東京学芸大学附属小金井中学校

山﨑　功一　高知県高知市立潮江南小学校

花坂　未来　東京都中野区立江原小学校

石井　幸司　東京都江戸川区立新田小学校

福冨　健悟　広島県安芸郡坂町立小屋浦小学校

Erin Squiers
　　　　Miller Elementary School , Holliston, MA.

Karen Richardson
　　　　ブリッジウォーター州立大学教授

大熊　誠二　東京学芸大学附属竹早小学校

細目　忠男　東京都北区立桐ケ丘中学校

青木香葉子　東京都八王子市立宮上中学校

栗原　知子　お茶の水女子大学附属小学校

青山　慎二　神奈川県葉山町立長柄小学校

村松　知香　文教大学付属小学校

熊谷　昌子　大妻多摩中学高等学校

藤田久美子　國學院大學久我山中学高等学校

佐藤　吉高　お茶の水女子大学附属中学校

【編著者紹介】

鈴木　直樹（すずき　なおき）
埼玉県で9年間小学校教員を経験後，埼玉大学での勤務を経て，2009年から東京学芸大学の准教授。専門は，体育科教育学であり，体育の学習評価と構成主義的な授業づくりの研究に取り組んでいる。また，2008年にニューヨーク州立大学，2017年にメルボルン大学で客員研究員を経験している。

中村なおみ（なかむら　なおみ）
東海大学　体育学部　教授。筑波大学附属中学校に20年，その後仙台大学を経て現職。専門は体育科教育学，舞踊教育学で，ダンス領域の「問いかける－子供が動きで答える」という授業づくりの考え方を基盤とし，体育授業の実践的研究を現場と共に進めている。「動きの質感とその多様性」「両極の質はお互いを生かし合うこと」を相互に学びあう子どもの姿に着目している。

大熊　誠二（おおくま　せいじ）
2019年4月より帝京大学　医療技術学部　スポーツ医療学科助教。神奈川県出身。川崎市立中学校の教員，東京学芸大学附属竹早中学校の教員を経て，現職。中高の体育授業づくりを研究する民間研究団体に所属し，体育授業の実践研究に取り組んでいる。大学では教員養成に尽力しながら，実践者としての経験を生かした中高の体育授業づくりの研究に取り組んでいる。

体育科授業サポートBOOKS

主体的・対話的で深い学びをつくる！
体育授業「導入10分」の活動アイデア

2019年8月初版第1刷刊　©編著者　鈴　　木　　直　　樹
　　　　　　　　　　　　　　　　中　　村　なおみ
　　　　　　　　　　　　　　　　大　　熊　　誠　　二
　　　　　　　　発行者　藤　　原　　光　　政
　　　　　　　　発行所　明治図書出版株式会社
　　　　　　　　　　http://www.meijitosho.co.jp
　　　　　　　（企画）木村　悠（校正）中野真実
　　　　　　〒114-0023　　東京都北区滝野川7-46-1
　　　　　　振替00160-5-151318　電話03(5907)6702
　　　　　　ご注文窓口　電話03(5907)6668

＊検印省略　　　　組版所　藤原印刷株式会社

Printed in Japan　　　　ISBN978-4-18-275214-8

もれなくクーポンがもらえる！読者アンケートはこちらから
→